Uvius Fonticola
Luciana Ziglio

Gehirnjogging
Latein

Hueber Verlag

SODALIBUS
CIRCULI LATINI MONACENSIS
&
SOPHIÆ
DILECTISSIMÆ FILIÆ
D. D. D.

3. 2. 1. | Die letzten Ziffern
2016 15 14 13 12 | bezeichnen Zahl und Jahr des Druckes.
Alle Drucke dieser Auflage können, da unverändert, nebeneinander benutzt werden.
1. Auflage

Umschlaggestaltung: creative partners gmbh, München
Fotogestaltung Cover: wentzlaff | pfaff | güldenpfennig kommunikation gmbh, München
Coverfoto: © fotolia/Peter Hansen
Zeichnungen: © Adrian Sonnberger, www.die-illustration.de
Redaktion: Stephanie Pfeiffer, Hueber Verlag, Ismaning
Layout: Erwin Schmid, Hueber Verlag, Ismaning
Satz: Sieveking print & digtal, München
Druck und Bindung: Auer Buch + Medien GmbH, Donauwörth
Printed in Germany
ISBN 978–3–19–407931-1

Ingenium exercētur multíplicī variāque māteriā.
(Quīntiliānus *īnstitūtiō ōrātōria* 2,4,20)

Der Verstand wird durch vielfältigen und verschiedenartigen Stoff geübt.

Gehirnjogging Latein verbindet auf unterhaltsame Weise das Erlernen der Fremdsprache – v. a. der Vokabeln – mit bewährten Techniken des Gedächtnistrainings. Die angebotenen spielerischen Übungen helfen dabei, die Sprachkenntnisse zu verbessern, den Wortschatz langfristig im Gedächtnis einzuprägen sowie Lesestrategien zu verbessern und logisches Denken zu testen.

Die dabei angewendeten Merktechniken lassen sich natürlich unabhängig von den hier angebotenen Übungen und Inhalten auch auf andere Kontexte des Fremdsprachenlernens sowie auch des Alltagsgedächtnisses übertragen.

Gehirnjogging Latein wendet sich sowohl an Selbstlerner, als auch an Kursteilnehmer, Lehrer und Schüler, die auf amüsante Weise die Gelegenheit erhalten, Grammatik und Vokabeln zu wiederholen und auch auf Gebiete des Alltagslebens auszudehnen.

Die Übungen sind häufig in einen antiken Hintergrund eingebettet und Redewendungen gelegentlich durch Angabe der Fundstelle in den Fußnoten belegt. Die Antikisierung wurde jedoch nicht zwanghaft durchgeführt, denn Latein hat ja die Antike bis heute überlebt; entsprechend finden sich manchmal auch neulateinische Ausdrücke für modernes Gerät, was einen zusätzlichen Reiz bieten soll.

Zum Aufbau von **Gehirnjogging Latein:**
Bevor die Übungen beginnen, wird kurz auf die Funktionsweise unseres Gehirns und Gedächtnisses eingegangen (S. 7–13). Daran schließt eine Reihe von Erklärungen der für die Übungen nützlichen Merktechniken (Memo-Tipps) an (S. 14–22).
Auf die jeweils anwendbaren Memo-Tipps wird auch neben jeder Übung durch das Symbol ▶ **Memo-Tipp** nochmals verwiesen (z. B. ▶ **Memo-Tipp 3A**).

Die Übungen (ab S. 23) nehmen größtenteils jeweils zwei Seiten ein: Die erste (= rechte) Seite dient dabei dem Einprägen und Üben der lateinischen Vokabeln, Strukturen oder Texte und ist gekennzeichnet durch die Kopfzeile **MERKEN**.

Die zweite (= linke) Seite – gekennzeichnet durch die Kopfzeile **ANWENDEN** – fordert nach dem Umblättern anhand gezielter Fragen bzw. Aufgaben dazu auf, zu testen, ob man sich alles gemerkt hat. Die Nummerierung der Übungen stimmt auf beiden, zu einer Übung gehörenden Seiten jeweils überein.

Unterbrochen werden die auf zwei Seiten angelegten Übungen hin und wieder durch sogenannte **VERSCHNAUFPAUSEN**, d. h. Übungen, die das „Jogging“ unterbrechen und die Aufmerksamkeit auf andere Bereiche der Konzentration, Logik und Aufmerksamkeit lenken.

Die Übersetzung der in den Übungen verwendeten Vokabeln befindet sich im alphabetischen Wörterverzeichnis im Anhang (ab S. 144). Evtl. unbekannte Wörter können dort jederzeit nachgeschlagen werden. Die Lösungen zu den Aufgaben erfolgen entweder durch den Zusammenhang der beiden oben beschriebenen Teilschritte der Übungen oder befinden sich im Anhang (ab S. 133).

Generell handelt es sich in diesem Buch um kurze Übungen, die keinen großen täglichen Aufwand erfordern. Man könnte sie mit einer Reihe von Schritten vergleichen, die zusammen – wie bei einem echten Trainingsprozess – eine Wegstrecke ergeben. Dabei sollte man folgende Grundregel nicht aus den Augen verlieren: Lieber öfter ein kurzes Training absolvieren, als nur einmal ein langes!

Gehirnjogging Latein folgt der Philosophie des „Edutainments“, also dem unterhaltsamen Lernen. Denn die größte Hürde für das Lernen, das Gedächtnis und die Konzentration ist die Langeweile. Darum haben wir uns bemüht, die Übungen abwechslungsreich zu gestalten, um nicht zuletzt die Vorlieben aller Lernertypen zu berücksichtigen und gleichzeitig auch jeden Lerner mit neuen und vielleicht ungewohnten Lerntechniken zu konfrontieren.

Mehr Latein und gleichzeitig mehr Gedächtnisleistung – das sind die Ziele, die mit Hilfe von **Gehirnjogging Latein** auf eine ebenso spielerische wie ernstzunehmende Weise verfolgt werden. Eine doppelte Herausforderung also. Packen wir's an!

Viel Erfolg und Vergnügen wünschen

Autoren und Verlag

Anmerkungen zu Aussprache und typografischer Darstellung:
Bei den lateinischen Vokabeln sind alle langen Vokale mit einem Querstrich über dem Vokal bezeichnet, alle nicht bezeichneten Vokale sind daher kurz zu sprechen. Damit lässt sich auch die betonte Silbe in lateinischen Wörtern finden: Sofern ein Wort mehr als zwei Silben hat, wird die vorletzte Silbe genau dann betont, wenn sie lang ist, ansonsten die drittletzte Silbe (bei zweisilbigen Worten wird bis auf wenige Ausnahmen immer die vorletzte Silbe betont). Lang sind Silben mit Diphthongen, langen Vokalen und solche Silben, bei denen auf einen Vokal mehrere Konsonanten folgen, wobei hier ein Verschlusslaut (*p*, *t*, *k*, *b*, *d*, *g*) + *l*, *r* ausgenommen ist. Einige Beispiele machen das klarer: *fa-rī́-na* (vorletzte Silbe lang wegen langem *ī*), *có-me-dō* (vorletzte Silbe kurz), *dē-cúm-bō* (vorletzte Silbe trotz kurzem Vokal lang wegen folgendem *m* + *b*), *vó-lu-cris* (vorletzte Silbe kurz wegen kurzem Vokal, Verschlusslaut *c* + *r* längt die Silbe nicht wegen der oben erwähnten Ausnahmeregel). Gelegentlich wird in Fällen, wo der Anfänger häufig irrt, die betonte Silbe explizit angegeben (*cómedō*, nicht *comédō*).

Zwei weitere typografische Darstellungsmittel dienen als Aussprache- und Verständnishilfen: zum einen die explizite Darstellung der Diphthonge *æ*, *œ* (z.B. *Cæsar*: sprich Kaißar, nicht Kähsar oder Zäsar; *pœna*: sprich poina, nicht pöhna; dagegen kein Diphthong bei *poēta*, sprich: po-ehta), zum anderen die durchgängige Verwendung von *j* und *v* für die Halbvokale von *i* und *u* (z.B. gesprochen und geschrieben *rejiciō*, woanders oft nur als *reiciō* geschrieben; *majus*; aber *Gaius*, gesprochen dreisilbig Gaj-ji-us, nicht Gā-jus). Mit der üblicheren Unterscheidung von *u* und *v* können Formen wie *servī* (die Sklaven) und *seruī* (ich habe verknüpft) unterschieden werden.

Wie funktionieren unser Gehirn und unser Gedächtnis?

Bevor wir Sie mit dem Training anfangen lassen, möchten wir Ihnen auf wenigen Seiten und mit einfachen Worten einige grundlegende Dinge zu unserem Gehirn und Gedächtnis näher bringen.

Unser Gehirn kann mit einem Muskel verglichen werden, der trainiert werden muss, damit er im Laufe der Zeit nicht seine Leistungsfähigkeit verliert. Die Neurowissenschaften bestätigten uns, dass ein wacher Geist genauso getrimmt werden muss wie unser Körper beim Sport. Eine gute mentale Fitness erreicht man also nur durch regelmäßiges Üben und natürlich auch die alltägliche Inanspruchnahme unseres Gedächtnisses.

Um sich mental fit zu halten und im besten Fall das Gehirn um ein paar Jahre zu verjüngen, helfen – neben einer bewussten Förderung und Forderung des Gehirns im Alltag – auch Gedächtnisübungen und -spiele sowie nicht zuletzt das Erlernen einer Fremdsprache.

Die Verbindung „Übung – Spiel – Gedächtnis" erlaubt es, sich Vokabeln, Nummernreihen, Aufzählungen, Bilder, Reime und Lieder zu merken, indem beide Teile des Gehirns gestärkt werden: zum einen die Schärfung des analytischen und logischen Denkens (linke Gehirnhälfte) und zum anderen die Förderung der Fantasie und Kreativität (rechte Gehirnhälfte).

Das Gedächtnis

Wenn man von ‚Gedächtnis' spricht, muss man Ultrakurzzeitgedächtnis, Kurzzeitgedächtnis und Langzeitgedächtnis voneinander unterscheiden.

Das Ultrakurzzeitgedächtnis speichert und verarbeitet neue Informationen, die uns über diverse Eingangskanäle erreichen (z. B. Sinneswahrnehmungen wie visuelle oder akustische Reize, aber auch Emotionen), nur sehr kurz. Erst wenn das Ultrakurzzeitgedächtnis entscheidet, dass die eingegangene Information so wichtig ist, dass sie weiter bearbeitet werden muss – z. B. weil sie sich unserer Aufmerksamkeit aufdrängt oder weil wir uns bewusst dafür interessieren –, wird eine Weiterleitung an das Kurzzeitgedächtnis erfolgen.

Das Kurzzeitgedächtnis kann Informationen mehrere Minuten lang speichern (durchschnittlich ca. 40 Minuten). Es ist vergleichbar mit dem Arbeitsspeicher eines Computers, der ebenfalls nur eine begrenzte Kapazität hat. Das Kurzzeitgedächtnis verarbeitet Informationen, die in dem jeweiligen Augenblick von Interesse sind und muss vor dem Verarbeiten neuer Informationen wieder entleert werden. Was für uns wichtig ist und was wir unbedingt behalten wollen, müssen wir daher im Langzeitgedächtnis speichern.
Beim Lernen ist es daher wichtig, nach ca. 40 Minuten eine Pause einzulegen, damit die Informationen verarbeitet werden können und man das Kurzzeitgedächtnis nicht überfrachtet.

Das Langzeitgedächtnis hat einen unbegrenzten Speicher und behält die Informationen, die dort ankommen, dauerhaft. Wenn von Gedächtnistraining oder Gehirnjogging die Rede ist, handelt es sich darum, diesen Bereich unseres Gedächtnisses zu trimmen. Informationen, die im Langzeitgedächtnis gespeichert sind, haben entweder einen großen „Eindruck“ auf uns hinterlassen (z. B. besondere Erlebnisse), wurden durch Assoziationen (z. B. zu Vorwissen) gut aufbereitet und sind daher schnell wiederauffindbar, oder wurden durch Wiederholungen (z. B. in Lernprozessen) gefestigt.

Gedächtnis und Lernen

Eine wichtige Rolle für die Entfaltung des Gedächtnisses und den Lernerfolg spielen die folgenden Faktoren: Das Lernen sollte nach Möglichkeit immer in derselben Räumlichkeit stattfinden, die gut gelüftet, erholsam und einladend ist (oft reicht schon ein wenig Musik im Hintergrund und ein bisschen Ordnung). Legen Sie eine bestimmte Zeit zum Lernen fest, an die Sie sich dann halten, wenn möglich mit einem Abstand zu Erschöpfungsphasen und Mahlzeiten. Denken Sie beim Lernen auch an angemessene Pausen und Bewegung. Trinken Sie viel Wasser, das erleichtert dem Gehirn die Arbeit, und nehmen Sie nur leichte Speisen zu sich, die den Organismus nicht belasten und damit eine für das Lernen schädliche Schläfrigkeit verhindern.

Für Ihren persönlichen Lernerfolg ist es wichtig, sich über die Lernvorlieben bewusst zu werden. Überlegen Sie, was für ein „Lerntyp" Sie sind. Beantworten Sie dafür die folgenden Fragen mit „Ja" oder „Nein".

	JA	NEIN
1. Benutzen Sie vorwiegend die rechte Gehirnhälfte (Fantasie und Gefühle)?	☐	☐
2. Benutzen Sie vorwiegend die linke Gehirnhälfte (Logik, Vernunft, Abstraktion)?	☐	☐
3. Sind Sie ein visueller Lerner? Helfen Ihnen Bilder beim Lernen?	☐	☐
4. Hören Sie beim Lernen gerne Musik?	☐	☐
5. Zeichnen Sie gerne?	☐	☐
6. Bewegen Sie sich oft, wenn Sie lernen? Stehen Sie oft auf, dehnen Sie sich, gehen Sie ein paar Schritte im Raum umher?	☐	☐

Die folgende Aufstellung verrät Ihnen, welche Memo-Tipps Ihrem Lernverhalten am nächsten kommen. Sehen Sie sich dabei nur die Memo-Tipps an, die sich auf die von Ihnen mit „Ja" beantworteten Fragen beziehen. Sie werden sich im Folgenden bei den zu diesen Memo-Tipps gehörigen Übungen leichter tun als bei anderen. Eine Erläuterung der genannten Memo-Tipps finden Sie ab Seite 14.

1. Frage ▶ **Memo-Tipps** 3B, 3C, 3E, 3G, 5, 6, 7
2. Frage ▶ **Memo-Tipps** 3F, 4, 8, 10
3. Frage ▶ **Memo-Tipp** 3E
4. Frage ▶ **Memo-Tipps** 3B, 3C
5. Frage ▶ **Memo-Tipps** 3D, 3E
6. Frage ▶ **Memo-Tipp** 3D

Aber warum sollte man nicht auch andere, bisher ungenutzte Techniken und Strategien ausprobieren? Sie könnten auf diese Weise positive Erfahrungen machen und neue Seiten an sich und Ihrem Lernverhalten entdecken. Vielleicht behalten Sie die eine oder andere hinzugewonnene Technik sogar in Zukunft bei.

Testen Sie auf den folgenden zwei Seiten nun Ihre Auffassungs- und Beobachtungsgabe. Die Beispielübungen zum Wörtergedächtnis enthalten an dieser Stelle noch deutsche Wörter. Sie begegnen hier nun auch der in den folgenden Übungen (ab S. 23) verwendeten Seitenaufteilung in **MERKEN** (rechte Seite) und **ANWENDEN** (linke Seite).

1. Lesen Sie die folgenden Wörter ca. 30 Sekunden lang. Versuchen Sie dabei, sich die Wörter einzuprägen. Blättern Sie im Anschluss daran eine Seite weiter.

Brot	Fenster	Buch	Wald	Liebe
sprechen	zwei	Berlin	Neffe	Adresse

2. Prägen Sie sich die folgenden Wörter ein. Blättern Sie dann um.

Arm	Bein	Kopf	Hand	Fuß
Auge	Mund	Nase	Knie	Hals

3. Sehen Sie sich die Spielkarten eine Minute lang an.

4. Bilden Sie den Zahlenkasten in Gedanken eine Minute lang ab.

8	0	7
2	4	9
6	5	1

1. **Wie ist es Ihnen ergangen? Haben Sie sich alle Wörter gemerkt? Versuchen Sie die Wörter aufzuschreiben.**

____

____

2. **Unterstreichen Sie die neuen Wörter.**

Mund	Hüfte	Arm	Bein	Kopf	Hand	Ellenbogen
Fuß	Auge	Nase	Knie	Lippen	Hals	Ohr

3. **Welche Karten sind verschwunden?**

4. **Beantworten Sie die Fragen.**

a. Wie lautet die Zahl in der Mitte? ____________

b. Was ergibt sich, wenn Sie die Zahlen der ersten Spalte zusammenzählen? ____________

c. Was erhalten Sie, wenn Sie die letzte Zahl von der ersten abziehen? ____________

Betrachten wir das Ergebnis der ersten beiden Aufgaben. Wenn es Ihnen gelungen ist, sich sechs oder sieben der Wörter zu merken, haben Sie schon ein recht gutes Gedächtnis.
In beiden Aufgaben war es das Ziel, sich zehn Wörter zu merken. Es handelte sich bei beiden Aufgaben um Wörter des Basiswortschatzes. Überlegen Sie nun, welche der beiden Aufgaben Ihnen einfacher vorkam und warum.
Sicherlich war die zweite Aufgabe für Sie leichter, ganz einfach deshalb, weil die Wörter sich alle im Umfeld ein und desselben Bedeutungsbereichs befinden und sich Verknüpfungen (Assoziationen) dadurch schneller bilden.
Mit den im Folgenden dargestellten Memo-Tipps wollen wir Sie unterstützen, solche Assoziationen zu bilden. Sie werden Ihnen helfen, Ihr Gedächtnis zu verbessern.

Wenn Sie die dritte und vierte Aufgabe lösen konnten, Kompliment. Falls nicht, wird Ihnen dieses Buch auch in diesem Bereich weiterhelfen, denn Sie werden Aktivitäten vorfinden, in denen Sie auch Ihre Beobachtungsgabe trainieren werden.

1. Grundregel

Beim Joggen ist es schlecht, nur einmal in der Woche vier Stunden am Stück zu trainieren. Das Gleiche gilt für das (Sprachen-) Lernen. Es ist besser, sich beständig ca. 20 Minuten am Tag anzustrengen (am besten zehn Minuten am Morgen und zehn Minuten am Nachmittag), als vier Stunden ununterbrochen an einem einzigen Tag. Und wenn Sie einmal nicht die Zeit oder die Energie haben, sich einem neuen Lernstoff – wie z. B. neuen Vokabeln – zu widmen, dann blättern Sie wenigstens ein paar Minuten Ihre Lernkartei durch (vgl. Memo-Tipp 2).

2. Lernkartei

Man lernt – besonders Vokabeln – auch, wenn man das Gelernte aufschreibt. Schreiben Sie also jede lateinische Vokabel, die Sie lernen möchten, auf Karteikarten.

Vorderseite

Rückseite

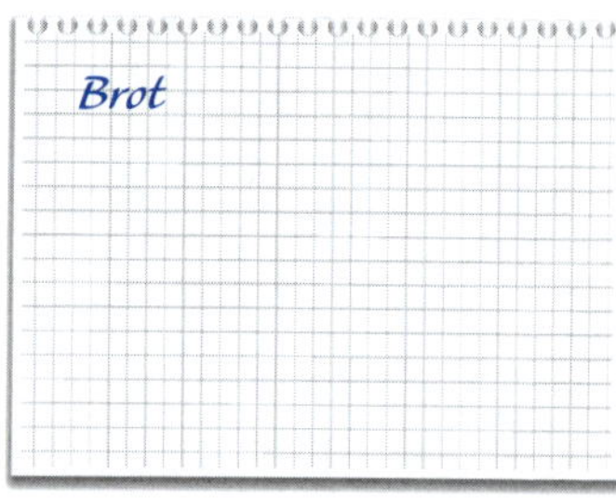

Bauen Sie sich auf diese Weise eine Lernkartei auf. Schreiben Sie die verschiedenen Vokabeln jeweils auf Karteikärtchen – evtl. auch mit Angaben zu Genus, unregelmäßigen Pluralformen, Betonungen etc.

Unterteilen Sie die Lernkartei in drei Bereiche. Verwenden Sie für die Unterteilung z. B. Karteikarten in einer anderen Farbe oder Größe. Ganz hinten ordnen Sie diejenigen Karteikarten ein, deren Vokabeln sie meinen zu beherrschen, in der Mitte diejenigen, die Sie weniger gut beherrschen und ganz vorne diejenigen, die neu oder nicht (mehr) bekannt sind.
Beginnen Sie beim Lernen bzw. Wiederholen immer vorne in der Lernkartei (Bereich der neuen oder nicht gewussten Vokabeln) und arbeiten Sie sich dann in den nächsten Bereich vor. Vergessen Sie dabei nicht, dass man ab und zu auch diejenigen Vokabeln wiederholen muss, die man zu kennen glaubt. Ziel ist es, den dritten Bereich – also die Anzahl der beherrschten Vokabeln – mehr und mehr zu erweitern. Dadurch steigern Sie den Langzeit-Lerneffekt.
Wiederholen Sie die Vokabeln ab und an auch in umgekehrter Sprachreihenfolge. Und denken Sie daran, auf den Karteikärtchen Platz für neue Wörter oder Satzbeispiele zu lassen.
Die Karteikarte von S. 14 könnte nach einiger Zeit so aussehen:

Vorderseite	Rückseite
pānis	*Brot*
Sæpe pānem cómedō.	*Ich esse oft Brot.*
hesternus, recēns, āridus pānis	*altes, frisches, trockenes Brot*
pīstor, pīstrīnum	*Bäcker, Bäckerei*
Pānis nōn cōnficitur sine farīnā.	*Man backt kein Brot ohne Mehl.*
(prōverbium)	*(Sprichwort)*

Auf diese Art und Weise wird die Lernkartei für Sie interessanter und wirkungsvoller, weil sie nach Ihren eigenen Bedürfnissen und Maßstäben angelegt ist.

3. Assoziationstechniken

Es gibt viele verschiedene Assoziationstechniken. Assoziation meint hierbei Verknüpfung und bedeutet in Bezug auf unser Gedächtnis, dass ein Assoziationsglied eine andere oder sogar mehrere andere Assoziationen zur Folge hat. Die Fähigkeit zu assoziieren ist also eine der Grundvoraussetzungen für unser Gedächtnis. Grundlage für gutes Assoziieren sind eine gute Vorstellungskraft, Kreativität und Fantasie. Besonders wirksam sind zusätzlich Verknüpfungen mit unserem Alltagsleben, so z. B. die Zuordnung von Eigenschaftswörtern zu Personen, auf die diese zutreffen: *Mārcus piger est*.

3A Synonyme, Gegenteile und semantische Felder

Verknüpfen Sie ein Wort mit seinen Synonymen (= sinnverwandte Wörter, z. B. *currus* = *ræda*), seinen Gegenteilen (z. B. *fōrmōsus* ≠ *dēfōrmis*), lernen Sie es zusammen mit einem geeigneten Adjektiv (z. B. *annus* → *annus scholasticus*) oder ordnen Sie es in ein semantisches Feld ein (= Wörter, die demselben Bedeutungsbereich entspringen, z. B. *arbor, nemus, silva, ...*).

3B Klänge und Geräusche

Wörter lassen sich natürlich auch mit Musik, Klängen oder Geräuschen in Verbindung bringen. Haben Sie nicht auch schon versucht, den Text eines schönen fremdsprachigen Liedes zu verstehen? Vielleicht haben Sie auch versucht, das Lied auswendig zu lernen. Sie werden dabei gemerkt haben, dass die Verbindung Text – Melodie beim Lernen sehr nützlich ist. Genauso können Sie versuchen, jeden anderen zu lernenden Text mit einer Melodie, die Sie gut kennen, zu verbinden.

3C Reime

Auch Reime sind Teil der Wort-Assoziationen aus dem Bereich der Musik bzw. Rhythmik. Reime helfen dabei, sich Wörter oder Sätze besser zu merken und zu erinnern, auch wenn sie insgesamt Unsinn ergeben. Sie werden vielleicht feststellen, dass Sie sich absurde Reime besonders gut merken können: Cómedō m**ālum** et intus inveniō t**ālum**. Nesc**īmus** quī s**īmus** et quid vel**īmus**.

3D Bewegung

Das, was Sie lernen, kann in eine körperliche Aktivität oder Bewegung verwandelt werden. Sie können beispielsweise beim Lernen durch Ihre Wohnung gehen und auf die Dinge, deren Bezeichnung Sie in der Fremdsprache lernen möchten, zeigen und das entsprechende Wort dabei laut aussprechen.
Auch das Bewegen der Hand bzw. des Armes beim Zeichnen dessen, was man lernen möchte, gehört zu dieser Technik.
Falls Sie sich beim Lernen bisher nicht bewegt haben und dieser Möglichkeit eher skeptisch gegenüberstehen, vielleicht möchten Sie es einmal ausprobieren?

3E Bildhaftes Denken

Vor allem dem visuellen Lerntyp hilft die Assoziation Wort-Bild. Es ist erwiesen, dass unser Gedächtnis Bilder sehr viel besser speichert als Wörter. Sie können also z. B. in Ihrer Lernkartei Bilder oder Zeichnungen neben den jeweiligen Begriffen bzw. Sätzen anbringen.
Sie können aber auch versuchen, sich Bilder zu „erdenken“. Schließen Sie dabei die Augen und erstellen Sie eine Gedankenverbindung zu dem zu lernenden Wort oder Satz durch ein Bild. Es ist ganz wichtig, dass Sie dieses Bild „sehen“ – z. B. versuchen, es auf Ihr Lid zu projizieren – und nicht nur daran denken.

3F Zahlen

Zahlen lassen sich mit Formen oder Reimen assoziieren. Mit diesen Techniken ist es möglich, sich PINs, Telefonnummern, wichtige Daten etc. zu merken.
Die Verbindung Zahl-Form arbeitet mit formähnlichen Bildern, die den Zahlen jeweils zugewiesen werden. Wie bereits erläutert, kann sich unser Gedächtnis Bilder besser merken als abstrakte Wörter oder auch Zahlen. Beispiele für die Zahlen 0 bis 9:

0 = 

1 = 

2 = 

3 = 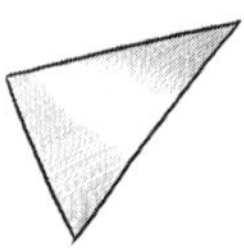

4 = 

5 = 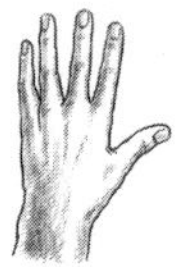

6 = 

7 = 

8 = 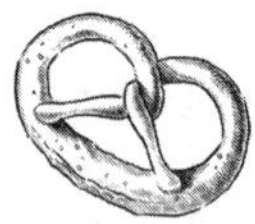

9 = 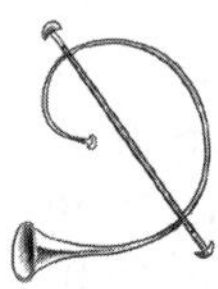

Wenn Sie versuchen, diese Bilder in eine zusammenhängende – und evtl. „merk“würdige – Geschichte zu verwandeln, dann fällt es Ihnen noch leichter, sich die Zahlenkombinationen zu merken.
Die Verbindung Zahl-Reim bzw. Assonanz (Gleichklang) – je

eigenartiger, desto besser merkbar – kann eine weitere Hilfestellung bei der Bildfindung für die Zahlen sein. Beispiele für die Zahlen eins bis zehn: **ein**(s) = **Bein**, zwei / zw**o** = Str**oh**, d**rei** = B**rei**, **vier** = B**ier**, **fünf** = Str**ümpf**e, s**echs** = **Hex**e, **sieben** = R**üben**, **acht** = N**acht**, n**eun** = Sch**eun**e, z**ehn** = R**en**.
Auch hier kann die Verbindung der einzelnen Bilder zu einer Geschichte sehr nützlich sein.
Und wenn Sie sich Ihre eigenen Bilder ausdenken möchten, lassen Sie Ihrer Kreativität und Fantasie freien Spielraum.

3G Tasten, Fühlen und Riechen

Auch wenn diese Technik schwer im Bereich des Sprachenlernens anwendbar ist, sind diese Sinneseindrücke für das Gedächtnis sehr nützlich. Gegenstände, ohne sie zu sehen, anhand ihrer Form oder ihres Geruches bzw. Duftes zu erkennen und zu bestimmen, entwickelt auch die Fähigkeit, sich an deren Bezeichnung in der Fremdsprache zu erinnern.

4. Kontextualisierung und Abstraktion

Kontextualisieren Sie Vokabeln, d. h. lernen Sie ganze Sätze und nicht einzelne Wörter. Es ist sehr viel leichter sich ganze Ausdrücke oder Sätze zu merken, als einzelne Wörter. Also z. B. „Pānis mihī placet." anstatt nur „pānis". Verbinden Sie ein Verb mit mehreren Substantiven – „audiō clamōrem / prælēctiōnem / reum" oder lernen Sie Redensarten und Sprichwörter. Ergänzen Sie auch Ihre Karteikarten mit Sätzen und Wortverbindungen (vgl. Memo-Tipp 2. Lernkartei).
Wenn Sie mit Grammatikregeln konfrontiert sind, dann wiederholen Sie sie am effektivsten, indem Sie versuchen diese selbstständig aus einem (Kon)text zu erschließen (abstrahieren) und mit eigenen Worten wiederzugeben.

5. Kreativität und Fantasie

Schon mehrfach ist die Wichtigkeit der Fantasie und Kreativität für das Gedächtnis angesprochen worden. Wenn Sie beispielsweise eine Reihe von Vokabeln ohne Zusammenhang lernen müssen, versuchen Sie sich unter Verwendung der zu lernenden Wörter ein Bild, eine Geschichte oder sogar eine Art Comic auszudenken. Je absurder oder „merk"würdiger diese Verbindung der Wörter ist, desto einfacher werden Sie sie sich merken können.
Ein Beispiel: *catīnus – fenestra – patruus – larārium – pavīmentum – piscis*. Sie könnten an Ihren Onkel *(patruus)* denken, der auf dem Fußboden *(pavīmentum)* sitzt und von einem Teller *(catīnus)* isst, daneben ist ein Fisch *(piscis)*, der vom Fenster *(fenestra)* aus den Hausgötterschrein *(larārium)* betrachtet.

6. Wortspiele

Eine große Portion Fantasie ist auch für Wortspiele nötig. Sie können z. B. aus einem Wort andere Wörter bilden, indem Sie sie auseinandernehmen und entweder alle Buchstaben – *corpus / porcus* – oder nur einen Teil der Buchstaben – *corpus / cor* – wiederverwenden. Sie können auch einfach nur einen Buchstaben ändern und neue Wörter bilden: *mare / male / māla* etc. Auflistungen können Sie sich auch anhand der Bildung von Fantasieworten merken, indem Sie beispielsweise die Anfangssilben zu neuen Wörtern zusammenfügen.

7. Eselsbrücken

Eselsbrücken helfen beim Lernen von Fakten oder Daten durch leicht zu merkende Sprüche. Sie erinnern sich bestimmt noch an Eselsbrücken wie „Sieben, fünf, drei – Rom schlüpft aus dem Ei."

oder „Drei, drei, drei – bei Issos Keilerei." aus dem Geschichtsunterricht. Neben den in diesen Beispielen verwendeten Reimen ist auch die Technik der Verwendung von Anfangsbuchstaben einer Reihe von wichtigen Fakten in einem neuen Kontext sehr verbreitet, so z. B. bei der Reihenfolge der Planeten unseres Sonnensystems: „**M**ein **V**ater **e**rklärt **m**ir **j**eden **S**onntag **u**nsere **N**achbarplaneten." (**M**erkur, **V**enus, **E**rde, **M**ars, **J**upiter, **S**aturn, **U**ranus, **N**eptun)
Mit etwas Fantasie können Sie sich für Ihre Lerninhalte ähnliche Eselsbrücken bauen.

8. Aufmerksamkeit und Konzentration

Ein gutes Gedächtnis ist nur dann garantiert, wenn man – beispielsweise beim Lesen und Lernen oder auch beim Betrachten von Bildern, Grafiken und Plänen – den richtigen Grad an Aufmerksamkeit und Konzentration walten lässt.
Wörtlich meint Konzentration das Lenken des Bewusstseins auf einen Mittelpunkt, wie z. B. das jeweils zu lernende Thema, ein zu betrachtendes Bild oder einen zu lesenden Text. Aufgrund des uns umgebenden großen Reizangebots ist es aber nicht immer leicht, die nötige Aufmerksamkeit und Konzentration über längere Zeit beizubehalten. Wenn Sie merken, dass Sie beim Lernen vom Thema abschweifen, können Sie u. a. durch folgende Übungen Ihre Konzentration wieder schärfen:

- Nehmen Sie sich einen beliebigen Text und lesen Sie für ca. drei Minuten nur die Silben (mit jeweils zwei Sekunden Abstand von Silbe zu Silbe).
- Üben Sie ca. drei Minuten lang die Bauchatmung (beim Einatmen in den Bauch wölbt sich dieser sichtbar nach außen).
- Lesen Sie einen Text um 180° gedreht (also auf dem Kopf stehend).

9. Lesestrategien

Wenn Sie möglichst viele Informationen aus gelesenen Texten behalten wollen, müssen Sie – noch bevor Sie mit der Gedächtnisarbeit beginnen – Ihre Lesetechnik verbessern. Ab Seite 115 werden Sie mit verschiedenen Lesestrategien und dazugehörigen Übungen vertraut gemacht.

10. Logik

Die sehr stark auf Kreativität und Fantasie ausgerichteten vorangegangen Memo-Tipps haben sich auf die rechte Gehirnhälfte bezogen, dem Sitz unserer künstlerischen, erfinderischen und emotionalen Fähigkeiten. Der breite Raum, der diesen im Bereich der rechten Gehirnhälfte angesiedelten Techniken gegeben wurde, ergibt sich aus der Tatsache, dass sich das „normale", Ihnen bekannte Lernen hauptsächlich im Bereich der linken Gehirnhälfte abspielt, die für Logik, Analyse und Organisation zuständig ist. Da wir nur dann das Potential unseres Gehirns nutzen, wenn beide Gehirnhälften zusammenarbeiten, werden Ihnen auch Übungen zum logischen Denken begegnen.

Auf der folgenden Seite beginnen die Übungen, in denen Sie viele der zuvor genannten Memo-Tipps umsetzen können. In der Randspalte führt Sie das Symbol ▶ **Memo-Tipp** zurück zu den Erläuterungen des jeweils anwendbaren Memo-Tipps.

Bevor Sie die Arbeitsanweisung lesen und sich die lateinischen Vokabeln einzuprägen versuchen, überfliegen diese kurz und gehen Sie sicher, dass Sie die Bedeutungen kennen. Bei Verständnisschwierigkeiten hilft das alphabetische Wörterverzeichnis (Latein – Deutsch) ab S. 144 weiter.

1. Stellen Sie sich vor, Sie sitzen als *scrība* (Schreiber, Sekretär) im alten Rom vor Ihrem Schreibtisch und sind von den folgenden Gegenständen umgeben. Prägen Sie sich die Dinge in der angegebenen Reihenfolge ein.

▶ Memo-Tipp 3a + 3E

1. mēnsa
2. sella
3. stilus
4. tabula cērāta
5. pugillārēs
6. charta
7. calamus
8. ātrāmentārium
9. spongia
10. volūmen
11. capsa
12. lucerna

2. Lesen Sie die folgenden Zahlen laut auf Lateinisch vor und prägen Sie sie sich ein.

▶ Memo-Tipp 3F

3	0	17
5	11	6
16	1	8

1. In welcher Reihenfolge wurden die Gegenstände aufgelistet?

- ☐ ātrāmentārium
- ☐ charta
- ☐ mēnsa
- ☐ sella
- ☐ lucerna
- ☐ stilus
- ☐ spongia
- ☐ tabula cērāta
- ☐ pugillārēs
- ☐ calamus
- ☐ volūmen
- ☐ capsa

2. Schreiben Sie in Worten auf Lateinisch diejenigen Zahlen bis 20, die nicht Bestandteil der Tabelle sind.

____

____

____

____

3. Lesen Sie die folgenden Sätze und verbinden Sie sie mit den entsprechenden Orten auf der Karte. Merken Sie sich dann die Sätze.

▶ Memo-Tipp 3E

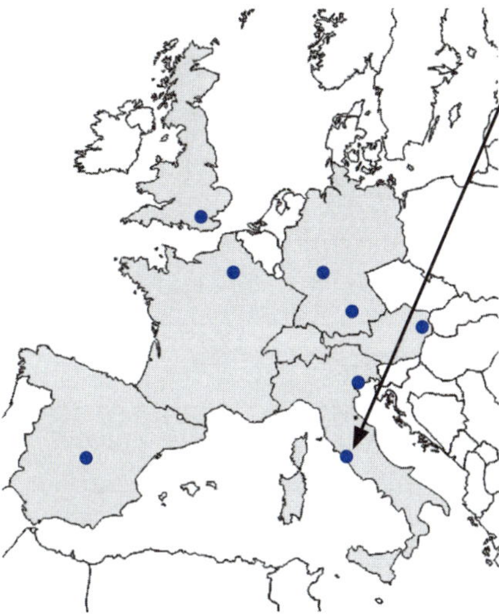

Claudia Rōmāna est.

Fēlīx Londiniēnsis est.

Clāra Venētiāna est.

Robertus Francofurtēnsis est.

Ēva Vindobonēnsis est.

Lūcius Matrītēnsis est.

Bernardus Monacēnsis est.

Anna Lūtētiēnsis est.

4. Einfache Reime oder Liedstrophen helfen beim Lernen. Konzentrieren Sie sich auf die folgenden Verse, die geeignet sind, um sich die Anzahl der Tage in einem Monat zu merken.

▶ Memo-Tipp 3C

Trīgintā diēs habet September,
Aprīlis, Jūnius et November.
Aliī habent trīgintā ūnum
extrā Februārium sōlum
cui sunt duōdētrīgintā.

3. Erinnern Sie sich, woher die Personen kommen? Schreiben Sie Sätze mit Nationalitätenadjektiven. Wenn es Personen mit derselben Nationalität gibt, orientieren Sie sich am angegebenen Beispiel.

1. *Claudia et Clāra Ītalæ sunt.*
2. ______
3. ______
4. ______
5. ______
6. ______

4. Schreiben Sie diejenigen Monate auf Lateinisch, die nicht in den Versen vorkommen.

______ ______

______ ______

______ ______

______

5. Prägen Sie sich die folgenden Wörter ein.

▶ Memo-Tipp 3A + 3E

operārius	puls
vēnditor	præceptor
pullus	medicus
ōvum	farcīmen
faber lignārius	jūsculum

6. Lesen Sie die folgenden Uhrzeiten laut auf Lateinisch vor und prägen Sie sie sich ein.

▶ Memo-Tipp 3A + 3E

1.

2.

3.

4.

5.

6.

5. Die Wörter auf der vorangegangenen Seite haben Gemeinsamkeiten. Wie lauten die entsprechenden Oberbegriffe auf Lateinisch? Ordnen Sie die Wörter diesen Oberbegriffen zu.

______________________ :

____

____

______________________ :

____

____

6. Machen Sie neben diejenigen Uhrzeiten ein Kreuzchen, die auf der vorangegangenen Seite abgebildet sind.

- ☐ Hōra sexta minūta quadrāgēsima est.
- ☐ Media nox est.
- ☐ Hōra tertia et dōdrāns est.
- ☐ Hōra tertia minūta trīcēsima quīnta est.
- ☐ Merīdiēs / Hōra duodecima est.
- ☐ Hōra prīma minūta decima est.
- ☐ Hōra sexta minūta quadrāgēsima quīnta est.
- ☐ Dēsunt vīgintī minūtæ ad hōram septimam.

7. Prägen Sie sich den folgenden Satz ein.

▶ Memo-Tipp 4

Mihī nōmen est Mārcō*, Mediōlānī in Italiā habitō. Architectūræ studeō, in præsēns autem in officīnā cujusdam amīcī patris meī operor.

Verschnaufpause: Erkennen Sie in der folgenden Abbildung mehr oder weniger als 10 Dreiecke?

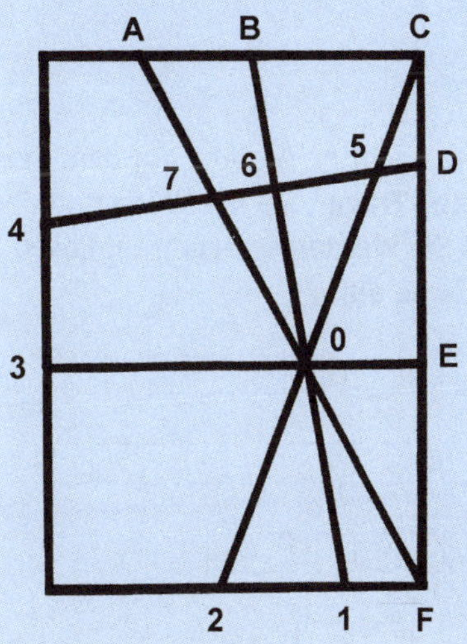

8. Welche Angaben finden Sie auf dem Reisepass? Prägen Sie sich die folgenden Wörter ein.

▶ Memo-Tipp 3A + 3E

nōmen	prænōmen	diēs nātālis
sexus	locus nātālis	dătum
	validus ad	

*Dativ von *Mārcus*, richtet sich im Kasus nach *mihī*.

7. Erinnern Sie sich an die Informationen? Vervollständigen Sie den Satz.

Nōmen ejus est ______________, ______________ in ______________ habitat. ______________ studet, sed etiam in ______________ cujusdam amīcī ______________ suī operātur.

8. Wir haben eine wichtige Angabe auf dem Reisepass vergessen. Welche? Tragen Sie die Wörter an der richtigen Stelle ein und Sie werden es erfahren. Lösen Sie den Diphthong æ in ae auf.

■□M□□ D□□□□

□□■□□O□□□ □□□□S

□I□□ □□■□L□□

□A□■□□□ □D

□■C□□ □□□□□□S

Lösung: □□□□□

9. Prägen Sie sich jede der Zahlen ein und blättern Sie dann um.

▶ Memo-Tipp 3F

duo mīlia quīngenta sexāgintā duo

quīndecim mīlia octingenta vīgintī septem

centum duodētrīgintā mīlia quadringenta vīgintī sex

trecenta et vīgintī septem mīlia octingenta quattuordecim

deciēs centēna mīlia nōngenta quīnque mīlia trecenta sexagintā sex

vīciēs mīliēs centēna mīlia et octō

10. Merken Sie sich die folgenden Wörter aus dem Bereich Nahrungsmittel.

▶ Memo-Tipp 3A + 3E

carō	lac
piscis	perna
oxygala	ōvum
sal	būtȳrum
frāgum	siser
pōmum	láganum

9. Schreiben Sie die Zahlen in arabischen und römischen Ziffern.

____

____

____

____

____

____

10. Welche der Wörter sind maskulinen Geschlechts? Welche sind feminin? Und welche außer denen auf *-um* sind neutral?

1. maskulin:

____

2. feminin:

____

3. neutral:

____

11. Ordnen Sie die folgenden Wörter den Zeichnungen zu und prägen Sie sie sich ein.

▶ **Memo-Tipp 3E + 3G**

láganum placenta pōculum vīnī pedēs sūdātī

piscis corruptus sordēs flōs mephītis

12. Merken Sie sich die folgenden Sätze.

▶ **Memo-Tipp 4**

Lūnæ diē nū́ndinæ agentur.

Mārtis diē diēs fēstus celebrābitur.

Mercuriī diē perīculum mihī subeundum erit.

Jovis diē suffrāgia ferentur.

Veneris diē lūdī circēnsēs fient.

Saturnī diē ācroāsis fiet.

Sōlis diē cōmœdia agētur.

11. Ordnen Sie die Wörter den folgenden Oberbegriffen zu.

☺ odōrēs jūcundī: ______________________________

____

☹ odōrēs tætrī: ______________________________

____

12. Antworten Sie mit „ita“ oder „nōn“.

	ita	nōn
1. Agenturne Lūnæ diē nū́ndinæ?	☐	☐
2. Eritne mihī Mārtis diē perīculum subeundum?	☐	☐
3. Ferenturne suffrāgia Mercuriī diē?	☐	☐
4. Fientne lūdī circēnsēs Jovis diē?	☐	☐
5. Celebrābiturne diēs fēstus Mārtis diē?	☐	☐
6. Fietne Saturnī diē ācroāsis?	☐	☐
7. Sōlisne diē cōmœdia agētur?	☐	☐

13. Sie haben den Tisch gedeckt. Betrachten Sie die Gegenstände aufmerksam und sprechen Sie laut deren lateinische Bezeichnungen. Die Wortliste hilft Ihnen dabei, aber nicht alle genannten Gegenstände sind auch abgebildet. Prägen Sie sich dann die Zeichnung ein.

▶ Memo-Tipp 3E + 8

acētābulum patina scyphus ligula cochlear urceus

salīnum catīnus mappa lagœna cantharus

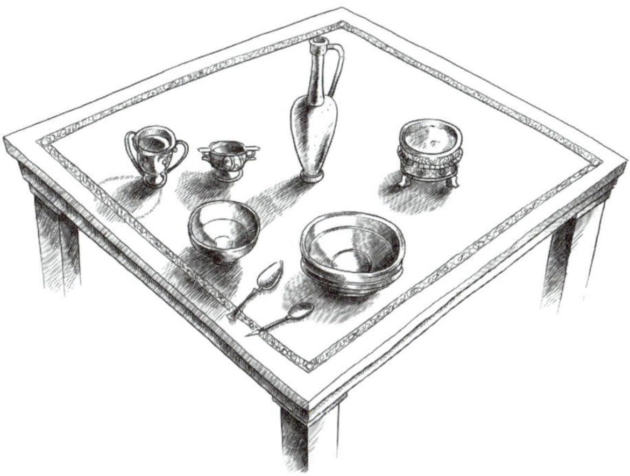

14. Wie steht es um Ihre Logik? Lesen Sie die folgenden Zahlenreihen laut auf Lateinisch vor und setzen Sie sie logisch fort. Merken Sie sich das jeweilige Kriterium, das hinter den Zahlenreihen steckt.

▶ Memo-Tipp 10

1. Zahlenreihe: 3 – 6 – 9 – 12 – ___________
2. Zahlenreihe: 21 – 19 – 17 – 15 – ___________
3. Zahlenreihe: 2 – 4 – 8 – 16 – ___________
4. Zahlenreihe: 5 – 11 – 23 – 47 – ___________

13. Was haben Sie beim Tischdecken vergessen? Nun ist die Zeichnung vollständig. Welche Gegenstände wurden hinzugefügt?

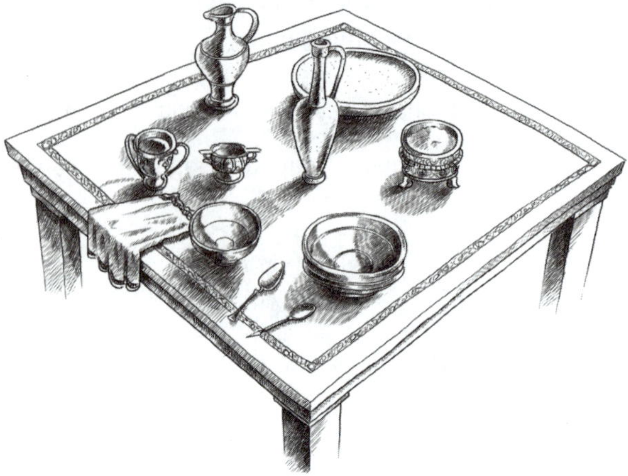

____

14. Hier sehen Sie nun die Zahlen, die Sie auf der vorangegangenen Seite geschrieben haben (sollten). Können Sie jetzt jeder Zahlenreihe aus dem Gedächtnis noch eine weitere Zahl hinzufügen?

1. Zahlenreihe: 15 – ______
2. Zahlenreihe: 13 – ______
3. Zahlenreihe: 32 – ______
4. Zahlenreihe: 95 – ______

15. Schreiben Sie unter jede Zeichnung wie im Beispiel den entsprechenden lateinischen Ausdruck. Prägen Sie sich dann die Zeichnungen ein.

▶ Memo-Tipp 3A + 3E

mālum	ūva	ālium	castanea
~~pirum~~	cēpa	cúcumis	carduus

pirum

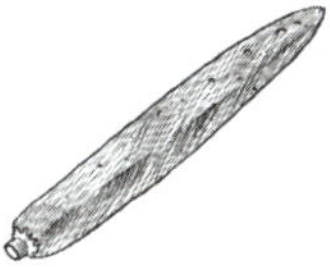

16. Sie kennen ganz bestimmt die Melodie von „Happy Birthday". Mit dieser Melodie können Sie den folgenden kurzen Liedtext singen und sich einprägen.

▶ Memo-Tipp 3B + 3C

Dēs mihī hospitium,
dēs mihī hospitium,
ā Kalendīs Jānuāriīs
ad diem ūndecimum!

Nunc locus dēest, doleō,
nunc locus dēest, doleō,
tamen iterum mē rogēs
hōrā tertiā, quæsō!

15. Ihre Einkaufstasche hatte ein Loch. Was haben Sie verloren?

____

16. Haben Sie den Liedtext auswendig gelernt? Dann beantworten Sie die folgenden Fragen mit „vērum" oder „falsum".

Homō ...	vērum	falsum
1. ... hospitium quærit.	☐	☐
2. ... hospitium ūndecim noctēs dēsīderat.	☐	☐
3. ... ā Kalendīs Jānuāriīs ad Īdūs Jānuāriās commorārī vult.	☐	☐
4. ... hōrā quartā iterum rogāre potest.	☐	☐

17. Prägen Sie sich die folgenden Wörter bzw. Wortgruppen ein.

▶ Memo-Tipp 3A + 4

spectāre	lūdōs
īre	ambulātum / ad forum / in silvam / domum / in somnum
lūdere	tālīs / āleā / pedifolliō
vehī	currū
facere	gradum
remanēre	domī
audīre	cantum

Verschnaufpause: Bevor Sie die Aufgabe lesen, gehen Sie sicher, dass Sie die folgenden Ausdrücke kennen: *plūs temporis, quam, bis, dīmidius*. Beantworten Sie die Frage dann schnell und spontan.

Eritne plūs temporis XX verba discere quam bis dīmidiam partem XX verbōrum?

18. Prägen Sie sich die folgenden Adverbien ein.

▶ Memo-Tipp 6 + 8

PRAESERTIM LIBENTER MAXIME OMNINO

17. Unterteilen Sie die Wörter und Wortgruppen nach folgenden Kriterien:

homō movēns:

____

____

____

homō sedentārius:

____

____

____

18. Unterstreichen Sie die Wörter bzw. Ausdrücke, die sich aus den einzelnen Buchstaben der vorangegangenen Adverbien bilden lassen.

NON	ODIUM	TEMPUS
VERO	TIMEO	TRES ANNOS
BIBAX	MEMORIA	SAXUM
EMBLEMA	OMNIS	OBLIGARE

19. Prägen Sie sich die folgenden Wörter ein.

▶ Memo-Tipp 3C

fātum	argentum	diēs	scīre
amāre	cīvitās	quiēs	magister
minister	cāritās	audīre	pavīmentum
tabulātum	laudāre		

Verschnaufpause: Ergänzen Sie die fehlende Zahl in dieser logischen Reihenfolge, indem Sie bei 10 starten.

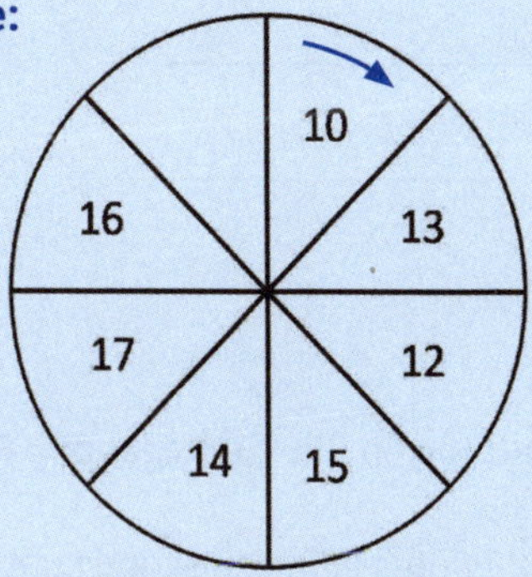

20. Sie erwarten Gäste zum Abendessen und müssen einkaufen gehen. Prägen Sie sich die Einkaufsliste aufmerksam ein.

▶ Memo-Tipp 3A + 3E

XX pānēs
XV ámphoræ aquæ
II pullī
V lībræ vitulīnæ
mappæ

III ámphoræ vīnī
V lagænæ mulsī
V lībræ suīllæ
pōcula

19. Schreiben Sie die Wörter, die sich reimen, jeweils nebeneinander.

______________	______________
______________	______________
______________	______________
______________	______________
______________	______________
______________	______________
______________	______________

20. Beantworten Sie die folgenden Fragen.

1. Quī pōtūs in indice scriptī sunt?

   ____

2. Quālēs carnēs emī opus sunt?

   ____

3. Quot ámphoræ emī opus sunt?

   ____

4. Quæ verba nūllum númerum ante sē habent?

   ____

21. Lesen Sie mehrere Male so schnell wie möglich das lateinische Alphabet von *a* bis *z* nur mit den Augen. Dann lesen Sie es langsamer und laut auf Lateinisch.

▶ Memo-Tipp 8

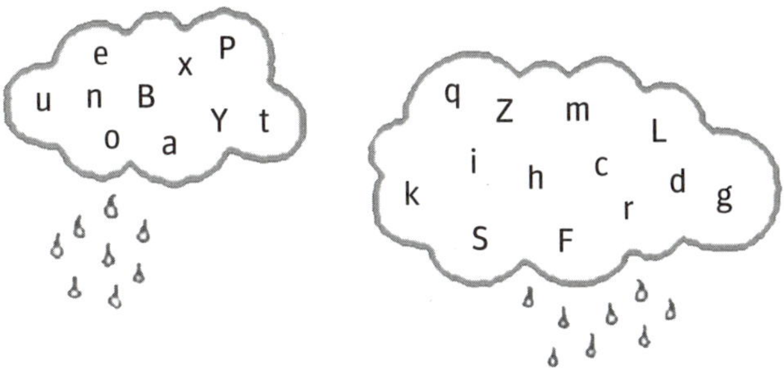

22. Prägen Sie sich die folgenden Sätze in der vorgegebenen Reihenfolge ein.

▶ Memo-Tipp 3D

1. Faciō trēs passūs dextrōrsum.

2 Faciō trēs passūs sinistrōrsum.

3. Eō quattuor passūs porrō.

4. Eō quattuor passūs retrō.

5. Stō super sēde.

6. Eō ad fenestram.

7. Astō mēnsæ.

8. Rēpō sub mēnsam.

9. Stō inter lectum et mēnsam.

21. Schreiben Sie das lateinische Alphabet. Welche der Buchstaben wurden auf der vorangegangenen Seite groß geschrieben und welche klein?

____

____

____

Verschnaufpause: Sehen Sie sich aufmerksam die folgenden Buchstaben an. Sie folgen nach einem logischen (aber nicht mathematischen) Kriterium aufeinander. Welcher Buchstabe muss an zehnter Stelle stehen? Wenn Sie nach ein paar Minuten nicht auf die Lösung kommen, sehen Sie sich nach und nach die Tipps an.

D – N – O – S – S – Q – Q – T – D – ?

Tipp 1: Die Buchstaben stellen Initialen lateinischer Wörter dar. Sie kommen immer noch nicht weiter? Dann lesen Sie den nächsten Tipp.

Tipp 2: Denken Sie an Zahlen.

22. Stehen Sie nun auf und folgen Sie aktiv den Anweisungen. Wiederholen Sie dabei laut die Sätze. Sie kommen sich dabei etwas dumm vor? Dann liegt Ihnen der Memo-Tipp 3D vielleicht nicht. Probieren Sie es trotzdem aus.

23. Prägen Sie sich die folgenden Zahlen-Bilder- bzw. Formen-Kombinationen ein. Versuchen Sie dann, sich die angegebenen Telefonnummern zu merken, indem Sie sich anstatt der Zahlen die entsprechenden Bilder einprägen. Wenn sie möchten, können Sie auch kurze Geschichten erfinden, die sich um die den Zahlen zugeordneten Bilder drehen.

▶ Memo-Tipp 3F

0 = 

1 = 

2 = 

3 = 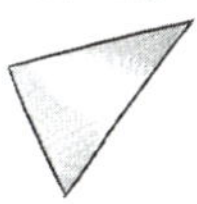

4 = 

5 = 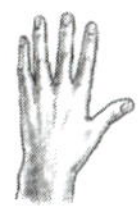

6 = 

7 = 

8 = 

9 = 

Sophia: 47 85 96 73

Catharina: 85 14 62 45

Robertus: 74 65 24 13

Alexander: 83 54 92 75

24. Ist Ihnen die in Übung 23 angewendete Technik schwergefallen? Dann probieren Sie das folgende System aus: Prägen Sie sich dieses Wort und die zu jedem Buchstaben gehörige Zahl ein.

A	G	N	O	S	C	I	M	U	R
1	2	3	4	5	6	7	8	9	0

23. Erinnern Sie sich an die Telefonnummern? Schreiben Sie sie auf.

Sophiæ numerus tēlephōnicus: ______________________

Alexandrī numerus tēlephōnicus: ______________________

Robertī numerus tēlephōnicus: ______________________

Catharīnæ numerus tēlephōnicus: ______________________

24. Folgen Sie dem Beispiel und verwandeln Sie die folgenden PINs im Sinne des auf der vorangegangenen Seite eingeprägten Systems.

0874: ____________ 12690: ____________

10701: ____________ 58233: ____________

98761: ____________ 40691: ____________

Versuchen Sie, sich wichtige PINs anhand eines ähnlichen Systems zu merken. Wichtig: Nur Sie dürfen das Wort bzw. den Ausdruck, der sich dahinter verbirgt, wissen.

25. Merken Sie sich die folgenden Sätze.

▶ Memo-Tipp 4

1. Crās adveniam.
2. Eō ad palæstram.
3. Helena dormit.
4. Medicīnam exerceō.
5. Nōn veniam quia ægrōtō.

Verschnaufpause: Bevor Sie die Aufgabenstellung lesen, gehen Sie sicher, dass Sie den Ausdruck *quot sunt?* verstehen.

Si A = 1, B = 2, C = 3 etc. quot sunt F + N?

F + N = ___________

26. Prägen Sie sich die folgenden Ausdrücke ein.

▶ Memo-Tipp 3E + 4

pōtiōnēs frīgidās sorbillāre	aprīcārī
lacernam gerere	ūvās vīndēmiāre
castaneās comedere	hirundinēs spectāre
nartāre	flōrēs serere

25. Vervollständigen Sie die folgenden Fragen, die sich auf die Sätze der vorangegangenen Seite beziehen.

1. Quis ______________________________ ?
2. Quō ______________________________ ?
3. Quandō ______________________________ ?
4. Cūr ______________________________ ?
5. Quid ______________________________ ?

26. Fügen Sie die Ausdrücke neben die dazugehörigen Jahreszeiten ein. Verwenden Sie eine passive Konstruktion.

1. Vēre *hirundinēs spectantur*

   et ______________________________ .

2. Æstāte ______________________________

   et ______________________________ .

3. Autumnō ______________________________

   et ______________________________ .

4. Hieme ______________________________

   et ______________________________ .

27. Prägen Sie sich die folgenden Gegenstände ein, indem Sie sich deren typische Farben vorstellen.

▶ Memo-Tipp 3E

1. toga
2. cælum
3. terra
4. sanguis
5. sōl
6. folium

Verschnaufpause: Wie viele Farben bzw. Farbstifte benötigt man, wenn man eine Ampel, die Fahnen des Vatikans, Österreichs und der Schweiz sowie einen vatikanischen Briefkasten zeichnen möchte?

28. Wie aufmerksam können Sie beobachten? Betrachten Sie die folgenden Ausdrücke, vor allem die Verben.

▶ Memo-Tipp 4 + 8

Flōrem rubrum sēlēgit.

Placentam fuscam comēdit.

Togā candidā indūtus est.

Serpēns viridis rēpsit.

Pilā cæruleā lūsit.

Pōma flāva ēmit.

Equum nigrum rapuit.

Capram albam vēndidit.

27. Ordnen Sie den Farben die jeweiligen Gegenstände zu.

1. alba = ______________________
2. viridis = ______________________
3. cæruleum = ______________________
4. ruber = ______________________
5. flāvus = ______________________
6. fusca = ______________________

28. Notieren Sie die Stammformen der Verben (nach dem Muster *laudāre, laudō, laudāvī, laudātum*). Was haben sie aus grammatikalischer Sicht gemeinsam?

____

____

____

____

____

____

____

____

29. Kennen Sie die Melodie von „Mein Onkel hat 'nen Bauernhof ia-ia-o"? Singen Sie den folgenden Text mit dieser Melodie und prägen Sie ihn sich dabei ein.

▶ Memo-Tipp 3B

Avunculus est laniō, īa, īa, ō
labōrat in laniāriō, īa, īa, ō
ibī vēneunt quæ bona sunt
suīlla, ovīlla, farcīmina, cētera.

Avunculus est laniō, īa, īa, ō
cui nōmen est Ovidiō*, īa, īa, ō
quī sē gerit quasi poēta sit
recitat, dēclāmat, memoriter prōnūntiat.

Avunculus est laniō, īa, īa, ō
sed hoc est ei odiō, īa, īa, ō
carnem nōn amat potius gūstat
holera, sēmina, pōma, frūmenta.
Avunculus est laniō, īa, īa, ō.

30. Prägen Sie sich die folgenden Silben ein.

▶ Memo-Tipp 6

BI LA TEM PA

*Dativ von *Ovidius*, an *cui* angeglichen.

29. Beantworten Sie die Fragen.

1. Quam artem avunculus exercet?

   ____

2. Quod est ei nōmen?

   ____

3. Quæ mercēs vēneunt?

   ____

4. Quōmodo avunculus sē gerit?

   ____

5. Quōs cibōs avunculus amat?

   ____

30. In den folgenden Wörtern sind die Silben durcheinander geraten. Außerdem fehlt jedem Wortpaar eine Silbe von der vorigen Seite. Stellen Sie die Wörter wieder her.

LIS – NO	RE – COM – RA
BU – FA	TI – TIA – EN
TAS – CA – MI	NE – CON – RE
UM – DU	PES – TAS

31. Prägen Sie sich die folgenden Nummernschilder* ein.

▶ Memo-Tipp 3F

SCV 03487	CV 04827
CV 38275	SCV 29875
CV 98296	CV 01245

32. Prägen Sie sich die folgende Beschreibung ein.

▶ Memo-Tipp 3D + 3E

Prope arcum Septīmiī Sevērī est cūria Jūlia.

Ante cūriam basilica Æmiliāna sita est.

Contrā basilicam templum Castoris et Pollūcis cōnstitūtum est.

Juxtā templum basilica Jūlia invenītur.

Inter basilicam Jūliam et cūriam rōstra posita sunt.

*Der Vatikan besitzt zwei Arten von Nummernschildern: Staatliche Fahrzeuge haben das Kürzel SCV (Status Cīvitātis Vāticānæ), Privatfahrzeuge CV (Cīvitās Vāticāna).

31. Vervollständigen Sie die Nummernschilder.

SCV _ _ _ _ _7	CV _ _ _ _ _7
_ _ _ _8_75	_C_ 2987_
CV _8_9_	CV 0_ _ _5

32. Zeichnen Sie nun die beschriebenen Gebäude. Halten Sie sich dabei auch an die beschriebene Positionierung der Gebäude.

33. Die folgenden Substantive bzw. Adjektive sind für Personenbeschreibungen notwendig. Prägen Sie sie sich ein.

▶ Memo-Tipp 3A + 3E

faciēs	aurēs	capillī	statūra
nāsus	barba	color	oculī
calvus	prōcērus	brevis	crassus

34. Betrachten Sie aufmerksam die Zeichnung. Beschreiben Sie dann Vater und Sohn laut auf Lateinisch.

▶ Memo-Tipp 3E + 8

33. Unterstreichen Sie die neu hinzugekommenen Wörter.

macer	aurēs	pallidus	ōs
capillī	barba	nāsus	tenuis
statūra	color	faciēs	compāctus
calvus	prōcērus	brevis	oculī
crassus	vetus		

Übrigens: Kennen Sie den Ausdruck „Barba nōn facit philósophum"?

34. Welche Eigenarten haben Vater und Sohn gemeinsam? Worin unterscheiden sie sich?

Utrīque ____.

____.

Pater ____.

____.

Fīlius ____.

____.

35. Prägen Sie sich die genannten Wörter ein. Lassen Sie aber auch die nicht erwähnten Körperteile nicht außer Acht.

▶ Memo-Tipp 3E + 8

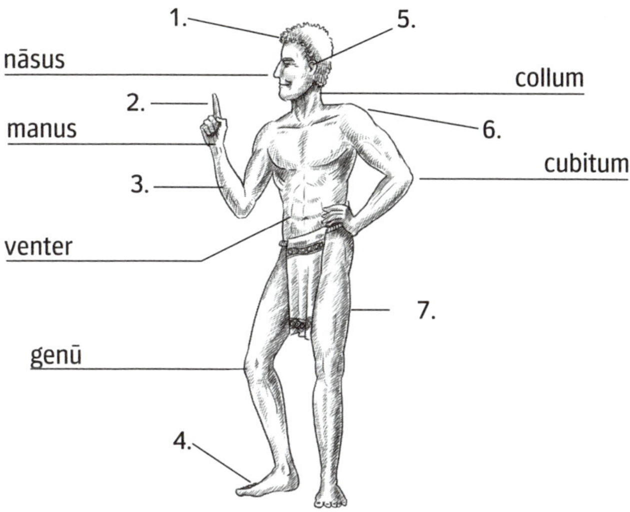

36. Die folgenden Adjektive beschreiben Körperteile. Welche?

▶ Memo-Tipp 3A

____________ aduncus[1], tūberōsus, sīmus[2]

____________ ōvāta, rotunda, bucculenta

____________ cirrātī, dēnsī, cānī

____________ gracilia, valga, pilōsa

____________ grandēs[3], viridēs, cæruleī[1]

____________ tenuia, carnōsa, turgida[2]

[1]Suētōnius *Galba* 21,1,1 [2]Mārtialis *epigrammatōn librī XIV* 6,39,8
[3]Suētōnius *Domitiānus* 18,1,2

35. Welchen Zahlen an der Zeichnung entsprechen die folgenden Wörter?

umerus: Nr. ______ pēs: Nr. ______

bracchium: Nr. ______ auris: Nr. ______

digitus: Nr. ______ caput: Nr. ______

crūs: Nr. ______

Tragen Sie die fehlenden Wörter in die Zeichnung auf der vorangegangenen Seite ein.

36. Welche Adjektive sind verschwunden?

oculī viridēs, grandēs, ______

crūra valga, pilōsa, ______

faciēs rotunda, bucculenta, ______

labra tenuia, turgida, ______

capillī dēnsī, cirrātī, ______

nāsus aduncus, sīmus, ______

37. Im Folgenden lernen Sie einige lateinische Redensarten kennen. Ersetzen Sie die Lücken jeweils mit der Bezeichnung eines Körperteils. Prägen Sie sich die Sätze dann ein.

▶ Memo-Tipp 4

1. In hāc rē omnī ________________ standum est.[1]
2. An nescīs longās rēgibus esse ________________ ?[2]
3. Nec ________________ nec pedēs.[3]
4. Asciam sibī in ________________ impingere.[4]
5. Mel in ōre, fel in ________________ .

38. Prägen Sie sich die folgenden Kombinationen aus Zahlen und Ereignissen bzw. Berühmtheiten ein.

▶ Memo-Tipp 3E + 3F

007	speculātor Anglicus illūstris
2	cōnsulēs
7	rēgēs Rōmānī
12	lēgēs duodecim tabulārum
25	Chrīstī nātālis
1	Kalendæ Jānuāriæ
15	Īdūs Mārtiæ
31	a.C.n. pugna Actíaca

[1] Quīntiliānus *īnstitūtiō ōrātōria* 12,9,18
[2] Ovidius *epistulæ* 17,168
[3] Cicerō *epistulæ ad familiārēs* 7,31,2
[4] Petrōnius *satyrica* 74,16

37. Schreiben Sie die Redensarten unter die entsprechenden Erläuterungen.

1. Simulant amīcitiam. ______________________________
2. Studiōsē operam dēs oportet.

   ____
3. Negligenter agere. ______________________________
4. Magnam potestātem habent.

   ____
5. Inceptum ineptum. ______________________________

38. Wem bzw. was entsprechen die folgenden „Daten“?

25007 = *Christī nātālis / speculātor Anglicus illūstris*

1215 = ______________________________

1152 = ______________________________

2112 = ______________________________

7007 = ______________________________

3117 = ______________________________

39. Prägen Sie sich die folgenden Verben ein.

▶ Memo-Tipp 7

1. nescīre	2. mīrārī	3. nītī	4. līberāre
5. cēnāre	6. attrahere	7. amāre	8. sitīre
9. numerāre	10. fugere	11. rapere	12. rīdēre

40. Hier nun die Beschreibung eines Tagesablaufs. Lesen Sie die Sätze und prägen Sie sich die Handlungen (ohne Details) und deren Reihenfolge ein. Passen Sie die Formen (männlich / weiblich) entsprechend Ihres Geschlechtes an.

▶ Memo-Tipp 4

Surrēxī.

Pōtiunculam bibī.

Lavātus sum.

Jentāculum sūmpsī.

Paululum Latīnitātī studuī.

Domō abīvī.

Domum redīvī hōrā circiter quārtā post merīdiem.

Cēnāvī.

Cubitum īvī.

39. Ohne zunächst weiterzulesen, versuchen Sie, die Verben mündlich zu wiederholen. Wie viele konnten Sie sich merken?

Versuchen Sie nun, die Verben mit Hilfe der folgenden Eselsbrücke zu wiederholen. Die Anfangsbuchstaben der Verben bilden den folgenden Satz.

NEMINI LICEAT ASINUM FURARI.

____

____

____

40. Rekonstruieren Sie die Handlungen des Tagesablaufs, allerdings in umgekehrter Reihenfolge. Folgen Sie dabei dem Beispiel.

Cubitum īvī.

____

____

____

____

____

41. Prägen Sie sich die folgenden Sätze mit der entsprechenden Nummerierung ein.

▶ Memo-Tipp 4

1. Senātōres in cūriā sedēbant.

2. Tunc Cæsar intrāvit.

3. Rōmæ quotannīs bīnī cōnsulēs creābantur.

4. Aquā frīgidā lavārī consuēvī.

5. Annō præteritō Mārcus domum vēndēbat.

6. Herī Mārcus domum vēndidit.

7. Catō dīcēbat frūctūs litterārum jūcundōs esse, rādīcēs amārās.

Verschnaufpause: Bevor Sie die Aufgaben lösen, gehen Sie sicher, dass Sie alle Ausdrücke verstehen.

Hōc annō ter prosperiōre āleā ūsus sum*, et quidem singulīs mēnsibus VIII litterārum. Potuitne hoc fierī?

42. Prägen Sie sich die folgenden Wörter ein. Beachten Sie besonders deren Silben; vielleicht entdecken Sie dabei einen Trick, mit dem Sie sich die Wörter leichter merken können.

▶ Memo-Tipp 7

salūs – nisi – bonum – mēnsis – bibō – canis – rosa – musca – sibī – rēmus – nūmen – lūstrāre

*Suētōnius *Caligula* 41,2,7

41. Ergänzen Sie nun mit Hilfe der Beispielsätze der vorangegangenen Seite die Regeln zum *perfectum* und *imperfectum*. Schreiben Sie neben jede Regel die Zahl des entsprechenden Beispielsatzes.

Das lateinische Imperfekt bezeichnet eine begonnene, aber noch nicht vollendete Handlung der Vergangenheit, das Perfekt dagegen eine bereits vollendete Tätigkeit.

Das Imperfekt beschreibt daher Umstände und Ursachen (Satz ________), Gebräuche (Satz ________) und wiederholte Handlungen (Satz ________), bei denen der Aspekt einer zeitlichen Dauer zum Ausdruck kommt („was war?"). In der Form des Imperfekts *dē cōnātū* bezeichnet es versuchte Handlungen, die jedoch noch nicht zum Abschluss gebracht werden konnten (Satz ________).

Das Perfekt stellt eine vollendete Handlung dar (Satz ________). Als präsentisches Perfekt (*perfectum præsēns*) beschreibt es eine Handlung mit fortdauernder Wirkung (Satz ________). Das historische Perfekt (*perfectum historicum*) bezeichnet ein neu eintretendes Ereignis, das eine Erzählung vorantreibt („was geschah dann?") (Satz ________).

Merke: *Perfectō prōcēdit, imperfectō īnsistit ōrātiō.*

42. Haben Sie den Domino-Trick entdeckt? Die letzte Silbe eines Wortes stimmt mit dem Anfang eines anderen Wortes überein. Wiederholen Sie die Wörter auf diese Weise, indem Sie mit „rosa" beginnen.

____

____

____

43. Prägen Sie sich die folgenden Zahlen ein.

▶ Memo-Tipp 3F

2212	3009	2410	1208
1411	2807	2001	2102

Verschnaufpause: Welches ist die größte vierstellige Zahl, die aus jeweils verschiedenen Ziffern gebildet werden kann?

____

44. Prägen Sie sich die folgenden Verben ein, blättern Sie dann auf die nächste Seite.

▶ Memo-Tipp 3G

cernere	odōrārī	palpāre	mulcēre
sentīre	spectāre	auscultāre	vidēre
	tangere	gūstāre	

Prägen Sie sich auch die folgenden Adjektive ein und blättern Sie dann noch einmal um.

▶ Memo-Tipp 3G

exsurdāns	amārus	asper	trānslūcidus
calidus	mollis	lēvis	clārus
dulcis	viridis	īnsulsus	fœtidus

43. Die Zahlen der vorangegangenen Seite stellen Geburtstage dar. Ergänzen Sie den folgenden Text mit diesen Geburtstagen (Tag und Monat) in chronologischer Reihenfolge.

Mārcī diēs natālis agitur *diē XX mēnsis Jānuāriī*, Juliæ, ____________________, Catharīnæ ____________________, Gaiī ____________________, Sophiæ ____________________, Lūciæ ____________________, Lȳdiæ ____________________, Philippī ____________________.

44. Ordnen Sie die Verben den fünf Sinnen zu. Blättern Sie dann für Teil 2 der Übung noch einmal zurück.

vīsus: ____________________

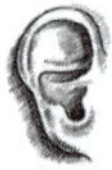
audītus: ____________________

gūstus: ____________________

tāctus: ____________________

olfactus: ____________________

Welches Verb kommt mehrmals vor? ____________________

Ergänzen Sie die Auflistung mit den Adjektiven.

45. Konzentrieren Sie sich auf jede einzelne Zeile, prägen Sie sich die Wörter bzw. Zeichnungen ein, indem Sie sie laut wiederholen. Blättern Sie dann um und lesen Sie die weiteren Anweisungen für jede der Zeilen.

▶ Memo-Tipp 3E

1.  – tapēte –  – gunna – 

2. glaciēs – petasus – cingulum – cáligæ – amiculum

3.   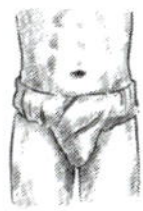  

4. thōrāx lāneus – cēnātiō – tunica – cubiculum – mæniānum

5. sōl – vestis balneāris – súbligar – tibiālia – lacerna

46. Prägen Sie sich folgende Verben in Dreiergruppen mitsamt der Nummerierung ein.

▶ Memo-Tipp 3A + 4

1. objicere, aperīre, claudere

2. lavāre, siccāre, frangere

3. occlūdere, reserāre, exhaurīre

4. implēre, aperīre, vacuēfacere

5. percurrere, legere, conterere

45. Lesen Sie nun Frage für Frage und decken Sie die noch nicht bearbeiten Fragen ab. Die Nummerierung der Fragen entspricht den Zeilen der Vorgängerseite.

1. Quot vestīmenta sunt? ______________________________

2. Quod verbum in mediō est? __________________________

3. Quæ imāgō dēest? ________________________________

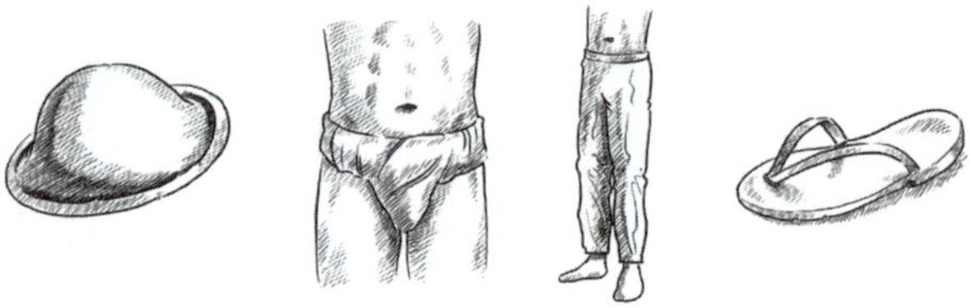

4. Quæ verba locum mūtāvērunt?

   mæniānum – cēnātiō – tunica – cubiculum – thōrāx lāneus

5. Cōnservantne hæc verba ōrdinem?

   sōl – vestis balneāris – súbligar – tibiālia – lacerna

46. Welcher Begriff passt zu welcher Gruppe von Verben? Ergänzen Sie mit der entsprechenden Nummer.

lagœna ______ arca ______ pōculum ______

forēs ______ liber ______

47. Betrachten Sie aufmerksam die folgende Zeichnung.

▶ Memo-Tipp 3E + 8

48. Konzentrieren Sie sich auf die folgenden Wörter und deren Position.

▶ Memo-Tipp 3A + 8

calceus

toga

pallium

caliga

pænula

tunica

bracæ

lacerna

stola

soleæ

47. Antworten Sie mit „vērum“ oder „falsum“.

♂ ille …	vērum	falsum
1. brācīs indūtus est.	☐	☐
2. tunicam gerit.	☐	☐
3. cingulō cīnctus est.	☐	☐
4. petasum gestat.	☐	☐
♀ illa …		
5. pallā amicta est.	☐	☐
6. monīlī ōrnātur.	☐	☐
7. calceīs indūta est.	☐	☐
8. crumēnam gestat.	☐	☐

48. Welche Wörter wurden verschoben oder gelöscht?

calceus toga pallium

caliga pænula tunica

bracæ

lacerna stola

soleæ

Wo trägt man die meisten dieser Kleidungsstücke?

____

49. Lesen Sie die folgenden Sätze und konzentrieren Sie sich vor allem auf die Namen und die dazugehörigen Gegenstände.

▶ Memo-Tipp 3E + 4

Sarcinās colligit inque cistam impōnit …

… Robertus cáligās, baculum, campestre.

… Mārcus cothurnōs nartātōriōs et nartās et traham.

… Hadriānus ámphoram āeris compressī, sýnthesin ūrīnātōriam, perspicillum ūrīnātōrium pinnāsque.

… Jūlia umbellam, vestem balneāriam unguentumque sōlāre.

… Philippus perspicillum, perspicillum ad lēctum aptum, auscultōrium, dentēs falsās.

50. Lesen Sie die folgende Buchstabenreihe laut vor. Darin finden sich einige „richtige" Wörter, aber auch ein paar Buchstaben, die dort nichts zu suchen haben. Prägen Sie sich die „richtigen" Wörter ein.

▶ Memo-Tipp 3A + 6

V E S T I B U L U M G A J A N U A N C U B I C U L U M C O T

R I C L I N I U M A T R I U M I N E P A V I M E N T U M A R

L E C T U S N B A T A B U L A T U M S I L A T R I N A F G E T

E C T U M A U L M Æ N I A N U M V E B A L N E U M

49. Erinnern Sie sich an die Namen?

Quod nōmen est ...

1. ... cultōri artis gymnicæ hībernæ? ______________________
2. ... amātōrī litoris? ______________________
3. ... āthlētæ? ______________________
4. ... ūrīnātōrī? ______________________
5. ... rude dōnātō? ______________________

Verschnaufpause: Versuchen Sie den folgenden lateinischen Zungenbrecher laut und im Rhythmus (Hexameter) zu lesen.

Ṓ Tite tū́te Tatī́ tibi tánta tyránne tulístī.*

50. An welche Wörter erinnern Sie sich? Und unter welchem Oberbegriff lassen sich diese einordnen?

____

____

____

____

*Ennius *annālēs* 1,104: O Titus Tatius (*legendärer König der Frühzeit Roms*), so Großes hast Du Dir, Tyrann, angetan.

51. Prägen Sie sich die folgenden Wörter in der angegebenen Reihenfolge ein.

▶ Memo-Tipp 3A + 3E

1. īnsula → 2. scālæ → 3. mūsēum →

4. habitātiō → 5. doliārium → 6. páriēs →

7. balneum → 8. synœcium → 9. domus →

10. anábathrum → 11. ātrium

Verschnaufpause: Lösen Sie die folgende „Gleichung" nach X auf.

focus : cóquere = cúlcita : X → X = ____________________

52. Es folgt die Beschreibung einer Wohnung. Bilden Sie die Wohnung mental ab.

▶ Memo-Tipp 3A + 3E

cubiculum: lectus conjugālis, II cervīcālia, armārium

culīna: frīgidārium[1], focus, II fenestræ, māchina ēlūtōria

synœcium: tēlevīsōrium, mēnsa, IV sellæ, lampas, sponda

balneum: lābellum, lavābrum, māchina lavātōria, manūtergium

ātrium: armārium

cella: haustrum pulveris[2], scōpæ

[1]Lūcīlius *saturæ* 317 [2]Ovidius *metamorphōsēs* 9,35; 14,136

51. Versuchen Sie nun, die Reihenfolge der Wörter in dem folgenden Schema nachzuverfolgen. Beginnen Sie oben links und enden Sie unten rechts. Schreiben Sie hinter jedes Wort die entsprechende Nummer. Das jeweils folgende Wort kann im Umkreis aller benachbarten Felder stehen. Aber Vorsicht: Jedes Kästchen kann nur einmal verwendet werden.

insula	scālæ	habitātiō	synœcium	domus	ātrium
scālæ	balneum	mūsēum	balneum	balneum	domus
mūsēum	doliārium	habitātiō	synœcium	páriēs	synœcium
páriēs	synœcium	balneum	doliārium	anábathrum	domus
doliārium	scālæ	páriēs	páriēs	anábathrum	synœcium
ātrium	mūsēum	ātrium	domus	doliārium	ātrium

52. Beantworten Sie die folgenden Fragen.

1. Quot armāria habitātiōnī īnsunt? ____________________
2. Quot māchinæ ēlectricæ? ____________________
3. Suntne lavābrum an mammāta* in balneō? ____________________
4. Estne habitātiōnī ātrium? ____________________
5. Suntne culīnæ III fenestræ? ____________________

*Plīnius *nātūrālis historia* 35,159,5

53. Die folgende Aufgabe testet Ihre Beobachtungsgabe. Lesen Sie aufmerksam die Sätze und versuchen Sie, die Verbindung zwischen den Personen und den jeweiligen Verkehrsmitteln zu verstehen.

▶ Memo-Tipp 8

Petrus pedibus aut plaustrō it.

Norbertus sæpe nāvibus vehitur.

Chrīstiāna tantum currū suō vehitur.

Eduardus equō īre māvult.

Lūcia lembō aut lintre vehī amat.

Verschnaufpause: Versuchen Sie die folgende Frage innerhalb von 20 Sekunden zu lösen.

Quot rotæ habent decem currūs, quīnque pabōnēs et trēs rædæ?

____

54. Merken Sie sich die Sätze. Vielleicht hilft es Ihnen die typischen Bewegungen nachzumachen.

▶ Memo-Tipp 3D

Quæ famēs!	Quæ sitis!	Quī somnus!	Quod frīgus!
Quī calor!	Quæ nausea!	Quī ventus!	Quam sērō!
Quī imber!	Quod tædium!		

53. Haben Sie die Verbindung entdeckt? Dann geben Sie an, welche Verkehrsmittel die folgenden Personen nutzen könnten.

Paula ______________________________

Sabīna ______________________________

Victor ______________________________

Erfinden Sie noch weitere Kombinationen aus Vornamen und Verkehrsmittel.

____

____

54. Schreiben Sie die Sätze neben den jeweils passenden Gegenstand.

hiems	→ ____________	madidus	→ ____________
lectus	→ ____________	ōscitāre	→ ____________
pōculum	→ ____________	hōrologium	→ ____________
sōl	→ ____________	fōcāle	→ ____________
pānis	→ ____________	capillus in jūsculō	→ ____________

55. Prägen Sie sich die folgenden Adjektive und ganz besonders auch deren Position ein.

▶ Memo-Tipp 3A + 8

altus	tenuis	imbēcillus
urbānus	bellōsus	propinquus
angustus	neglegēns	dēfōrmis
brevis	stultus	parvus

Verschnaufpause: Verbinden Sie die folgenden neun Punkte mit lediglich 4 geraden Linien.

56. Merken Sie sich die folgenden Adjektive, die für Charakterbeschreibungen von Personen nützlich sind. Um sich die Adjektive besser einzuprägen, können Sie bei jedem Wort an Personen aus Ihrem Freundes- und Bekanntenkreis denken.

▶ Memo-Tipp 3A + 3E

blandus	loquāx	dominandī cúpidus	āctīvus
æmulus	largus	vehemēns	strēnuus
vānus	cúpidus	sociābilis	tenāx

55. Fügen Sie die folgenden Gegenteile entsprechend der Positionen auf der vorangegangenen Seite ein.

attentus	humilis	pulcher	lātus
validus	remōtus	magnus	pinguis
prūdēns	longus	placidus	inurbānus

_______________ _______________ _______________

_______________ _______________ _______________

_______________ _______________ _______________

_______________ _______________ _______________

56. Bringen Sie nun die Adjektive mit Personen aus Ihrem Freundes- und Bekanntenkreis oder mit Prominenten in Verbindung. Versuchen Sie, sowohl männliche, als auch weibliche Namen sowie Pluralformen zu verwenden.

Jūlius āctīvus est, Tullia ____________________ .

Mārcia et Ūdalrīcus ____________________

____

____

____

57. Prägen Sie sich die folgenden Adjektive ein.

▶ Memo-Tipp 3A + 4

cōnstāns – incōnstāns

lēgítimus – illēgítimus

pār – dispār

litterātus – illitterātus

parātus – imparātus

ratiōnālis – irratiōnālis

mātūrus – immātūrus

decōrus – dēdecōrus

58. In diesem Reimspiel sollen Sie sich unter Verwendung von Ortsnamen Reime ausdenken. Jede Strophe beginnt dabei mit „Iter fēcī, petīvī". Orientieren Sie sich am angegebenen Beispiel und erfinden Sie neue Reime. Die Reime müssen keinen Sinn ergeben, lassen Sie Ihrer Fantasie freien Lauf!

▶ Memo-Tipp 3C + 6

Iter fēcī, petīvī Bērōlīnum,
ubī nihil bibī nisi bonum vīnum.

Iter fēcī, petīvī Rōmam,

ubī ____________________________________.

Iter fēcī, petīvī Lūtētiam,

ubī ____________________________________.

Iter fēcī, petīvī Athēnās,

ubī ____________________________________.

57. Ergänzen Sie mit der passenden negativen Vorsilbe.

litterātus	______________	pār	______________
cōnstāns	______________	ratiōnālis	______________
mātūrus	______________	parātus	______________
lēgítimus	______________	decōrus	______________

Verschnaufpause: Welches ist die kleinste vierstellige Zahl, die man von links nach rechts und von rechts nach links lesen kann?

____

58. Mit welchen lateinischen Ortsnamen* könnten sich die folgenden Wörter reimen?

pōma /	______________	imperium /	______________
facētia /	______________	obsōnium /	______________
triclīnium /	______________	perītum /	______________
cēnæ /	______________	hūmānum /	______________

*Zu lateinischen Ortsnamen siehe z.B. Grässe 1909, online unter: http://www.columbia.edu/acis/ets/Graesse/contents.html

59. Prägen Sie sich die folgenden Buchstaben ein.

▶ Memo-Tipp 7

FI – OR – N – VU – TRU – TE – RI

Verschnaufpause: Vervollständigen Sie mit der fehlenden Zahl.

2	→	2
8	→	16
100	→	300
20	→	80
300	→	?

? = ______________

60. Finden Sie den Begriff, der sinngemäß nicht in die jeweilige Wortreihe passt und prägen Sie sich ihn ein.

▶ Memo-Tipp 3A

1. pater – parentēs – māter – coāctor
2. fīlia – gnārus – neptis – nepōs
3. tībīcen – uxor – spōnsa – marītus
4. avunculus – patruus – ōrātor – mātertera

59. Wenn Sie bei den folgenden Wortfragmenten die richtigen der eingeprägten Buchstaben ein- bzw. hinzufügen, erhalten Sie neue Wörter mit einer anderen Bedeutung. Thema der neuen Wörter ist „Familie".

anculus	→	______	as	→	______
lia	→	______	martera	→	______
epos	→	______	ux	→	______
sor	→	______	paus	→	______
matus	→	______	par	→	______

60. Schreiben Sie die Wörter, die nicht in die jeweilige Reihe gepasst haben, nacheinander auf. Schreiben Sie dann die Buchstaben der Anfangssilben in die Kästchen daneben. Nacheinander gelesen ergeben die Silben den Oberbegriff für die restlichen Wörter der vorangegangenen Seite.

1. ______ → □ □
2. ______ → □ □ □
3. ______ → □ □
4. ______ → □

Lösung: □ □ □ □ □ □ □ □

61. Prägen Sie sich die folgenden Wörter ein und achten Sie dabei besonders auf deren Genus (maskulin oder feminin).

▶ Memo-Tipp 3A

viduus	cælebs	marītus	virgō nūbilis
uxor	vidua	spōnsa	repudiāta
pælex	concubīnus		

Verschnaufpause: Wie viele geometrische Figuren sind in der folgenden Zeichnung versteckt?

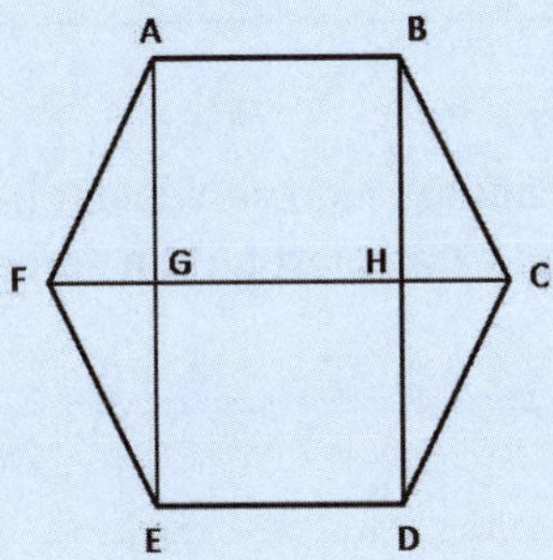

62. Prägen Sie sich die folgenden Wörter ein. Sie mögen auf den ersten Blick ungewöhnlich sein, sind aber zum Verstehen älterer Reisebeschreibungen sehr nützlich.

▶ Memo-Tipp 3A + 3E

appulsus – ephippium – rædārius – virga – portus –

sufflāmen – vēlum – calcāria – portōrium – habēna –

nauarchus – axungia

61. Welche Wörter können sich nur auf einen Mann (♂) beziehen? Welche nur auf eine Frau (♀)?

♂ ______________________________

____

____

♀ ______________________________

____

____

62. Welche Wörter könnte man verwendet haben, wenn man mit den folgenden Transportmitteln gereist ist?

equō: ______________________________

____

rædā: ______________________________

____

nāve: ______________________________

____

Merke: Mit einem Pferd, Latein und Geld kommt man um die ganze Welt.

63. Prägen Sie sich die folgenden Wörter ein.

▶ Memo-Tipp 3A + 3E

grandō	nix	pluvia	tonitrus	ventus
nūbēs	sōl	nebula	calidus	frīgidus

Verschnaufpause:
Fügen Sie die Zahlen 1 bis 6 so in das Dreieck ein, dass sich auf jeder der drei Seiten die gleiche Summe ergibt.

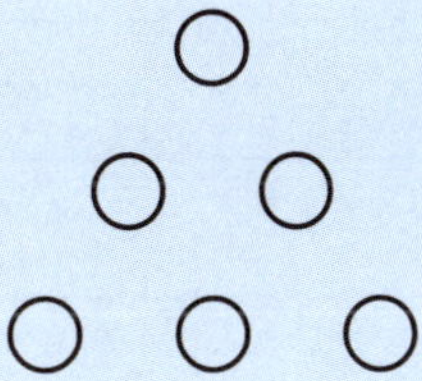

64. Prägen Sie sich die Ausdrücke des folgenden Wetterberichts ein. Die Reihenfolge ist wichtig.

▶ Memo-Tipp 3E + 4

Prædictiō cælī

hodiē:	nebula mātūtīnō tempore oriētur
crās:	omnī diē cælum nūbilō gravābitur*
Mārtis diē:	mediṓcriter nūbilum erit cælum
Mercuriī diē:	pluviæ vel tempestātēs coorientur
Jovis diē:	calōrēs surgent
Veneris diē:	cælum serēnum vel leviter nebulōsum erit
Saturnī diē:	pluviæ repentīnæ īnstābunt

*Seneca *suāsōriæ* 3,1,8

63. Verwandeln Sie mit Hilfe der unten stehenden Angaben die Wörter der vorangegangenen Seite in einen Satz.

Călidum ______________ est cælum.

______________ est cælum.

______________ est cælum.

______________ est cælum.

______________ splendet.

______________ flat.

Tŏnat. ______________

____

____

____

64. An welchen Tagen wird das Wetter schön sein und an welchen nicht? Vervollständigen Sie die ersten beiden Zeilen und beantworten Sie dann die Frage nach dem Wochentag.

cælum serēnum: ______________

tempestās fœda: ______________

Quis diēs* hodiē est? ______________

*Mit „quī diēs?" würde man nach dem Zustand des heutigen Tages fragen, mit „quis diēs" fragt man nach dem Wochentag.

65. Prägen Sie sich Bild, Schriftzug und Nummerierung ein.

▶ Memo-Tipp 3E

1. Vehiculum sistere vetātur!

2. Vehiculīs intrṓitus vetātur!

3. Trānsitus vetātur!

4. Nē fūmāveris!

5. Nōlī hāc exīre.

66. Prägen Sie sich die folgenden Sätze ein. Vielleicht hilft es Ihnen, sich die möglichen Situationen oder Verbotsschilder vorzustellen.

▶ Memo-Tipp 3E + 4

1. Nōlī currum ad portam sistere.
2. Hortum trānsgredī nōn licet.
3. Cavē, nē ē fenestrā præcipitēs.
4. Pilā ludere hīc nōn placet.
5. Nōlī canēs hūc intrōdūcere.
6. Fūmāre nōn licet.

65. Was ist verboten? Versehen Sie die folgenden Sätze mit den Bildnummern.

Nōlī …

exīre! → Nr. ____ fūmāre! → Nr. ____

introīre! → Nr. ____ trānsīre! → Nr. ____

sistere! → Nr. ____

Wie bildet man im Lateinischen den verneinten Imperativ? Nennen Sie alle Ihnen bekannten Möglichkeiten.

Nōlī + *Infinitiv*; *Nē* + ____________________; *Nē* + ____________________

Nōn + ____

____

66. Schreiben Sie die Verbote mit den entsprechenden Verbformen. Variieren Sie die Möglichkeiten entsprechend der Lösung zur vorigen Aufgabe und verwenden Sie Singular und Plural!

1. Nōlī *sistere! Nōlīte sistere!* ____________________.
2. Nōn ____.
3. Nē ____.
4. Nē ____.
5. Nē ____.
6. Nē ____.

67. Lesen Sie die folgenden Ausdrücke und achten Sie dabei besonders auf die „Unbekannten" A, X, Y und Z.

▶ Memo-Tipp 4

in **X** sē collocāre – **X** quærere – **X** facere – **X** manuum

Y fāmiliārēs – **Y** mūtuam dare – **Y** ērogāre – **Y** facere

Z exercēre – **Z** medendī – **Z** līberālēs – **Z** discere

A alicujus prōcūrāre – **A** gerere – **A** habēre – **A** pūblica

68. Suchen Sie im Buchstabengitter 13 Wörter (Substantive und Verben), die dem Bereich „Arbeit" entstammen. Die Wörter sind waagrecht (von rechts oder von links), senkrecht (von oben oder von unten) und diagonal versteckt. Prägen Sie sich die gefundenen Wörter ein.

▶ Memo-Tipp 3A + 6

P	E	R	E	C	A	F		S	E
L	I	R	E	R	E	M	P	U	A
M	A	C	O		U	E		I	M
U	R	B	N	P	N	I	R	R	O
I	T	A	O	S	U	T	M	A	L
T	I	O	U	R	S	S	E	R	I
O	F	M	R	U	A	N	R	E	R
G	E	O	D	I	N	R	C	P	I
E	X	N	O		T	L	E	O	E
N	I	R	E	B	A	F	S		T

67. Ersetzen Sie die „Unbekannten“ X, Y, Z und A jeweils mit dem passenden Wort.

X = ____________________ Y = ____________________

Z = ____________________ A = ____________________

Verschnaufpause: Schreiben Sie sechs Mal die Ziffer 1 und fügen Sie ein Rechenzeichen dazwischen (immer dasselbe). Das Endergebnis muss 15 lauten.

____ = 15

68. Welche Wörter haben Sie gefunden?

____

____

____

____

Überprüfen Sie Ihre Angaben mit der Lösung und kehren Sie dann wieder zu dem Buchstabengitter auf der vorangegangenen Seite zurück. Die nicht verwendeten Buchstaben bilden einen lateinischen Spruch, der auch bei uns oft verwendet wird.

____

69. Prägen Sie sich die Namen der römischen Kaiser in der angegebenen chronologischen Reihenfolge ein.

▶ Memo-Tipp 3A

Augustus Tĭbĕrius Călĭ́gula Claudius Nĕrō

Galba Ŏthō Vĭtellius Vespasiānus Tĭtus

70. Prägen Sie sich die Beschriftung der Tafeln ein.

▶ Memo-Tipp 3E + 4

69. Haben Sie sich die Kaiser gemerkt? Wenn Sie die Ihnen bekannten Namen hier unten der Reihenfolge nach aufschreiben, erhalten Sie – nacheinander gelesen – den Gentil- (graue Felder) und Beinamen (blaue Felder) des berühmtesten römischen Redners.

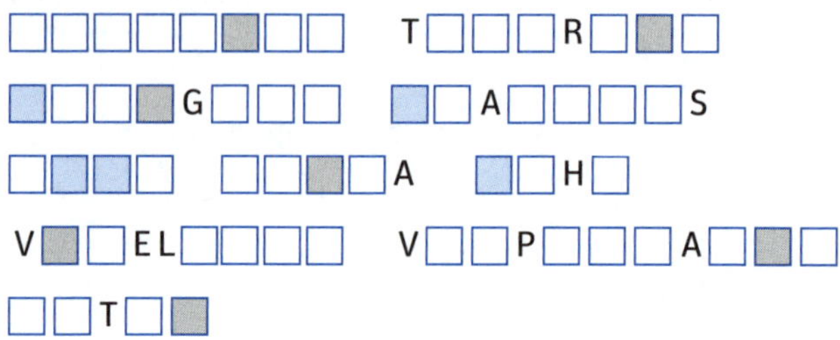

Lösung: ______________________

70. Wo können Sie die folgenden Gegenstände einkaufen?

Falernum – mullus – brassica – pira – aurāta – calceī –

frāga – fabæ – garum – Cæcubum – cáligæ – lentēs

taberna sūtrīna ______________ ______________

______________ ______________

______________ ______________

______________ ______________

______________ ______________

71. Prägen Sie sich den Sinn der folgenden Sätze und deren Nummerierung ein.

▶ Memo-Tipp 4

Cum adulēscēns essem ... 1. legere mihī nōn placēbat.

2. multum dormiēbam.

3. multīs fēstīs intereram.

4. puerōs puellāsque amābam.

5. acūtissimī audītūs eram.

6. sorte meā minimē contentus eram.

7. mare adīre solēbam.

8. multa concupiēbam.

9. scholam ōdīveram.

72. Konzentrieren Sie sich auf die Verben in den Vergangenheitszeiten.

▶ Memo-Tipp 4

Herī, cum forum peterem, neptim cum mātre ejus convēnī. Neptis stābat in viā, crūstulum in manū tenēbat et contenta trānquillaque rīdēbat. Statim canis quīdam appāruit et subitō ei crūstulum ēripuit. Tullia, cui frūstulum tantum remanēbat, plōrāre cœpit cum canis, paulum āmōtus, placidus crūstulum gūstābat.

71. Nun ist alles anders. Schreiben Sie die den vorangegangenen Aussagen sinngemäß jeweils entsprechende Nummerierung neben die Sätze.

Hodiē autem ... īnsomniīs fatīgor. ______

surdaster sum. ______

eōs ultrā tolerāre non possum. ______

strepitum et tumultum ōdī. ______

montēs tantum mihī placent. ______

tenerā memoriā ejus afficior. ______

ætātem inter ācta diurna, fābulās et carmina dēgō. ______

meā sorte contentus vivō. ______

Num male senēscam? Immō vērō. Hodiē

omnia cōnsecūtus sum. ______

72. Tragen Sie die Verben der Erzählung ein.

imperfectum:

____

perfectum:

____

73. Betrachten Sie aufmerksam die Zeichnungen und die dazugehörigen Namen.

▶ Memo-Tipp 3E

Paula

Mărius

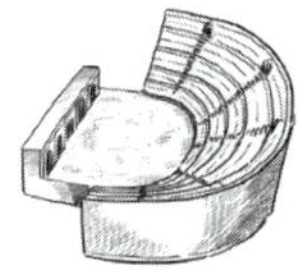
Clāra

Lūcius

Lūcia

Flāvia

Mārcus

Gaius

74. Prägen Sie sich den folgenden Satz ein.

▶ Memo-Tipp 3D

Pausam faciō: ambulō, cantō, quemquam appellō,

sībilō, membra porrigō, ōscitō, crūstulum lambō,

corpus extendō, relaxō.

73. Beantworten Sie die Fragen.

1. Quis dormit? ______________________________
2. Quis ambulat? ______________________________
3. Quis legit? ______________________________
4. Quis tībiā canit? ______________________________
5. Quis cómedit? ______________________________
6. Quis pingit? ______________________________
7. Quis bibit? ______________________________
8. Quis spectāculum spectat? ______________________________

Verschnaufpause: Zeichnen Sie eine Blume, die zur logischen Reihenfolge der anderen Blumen passt.

74. Stehen Sie nun auf und machen Sie wirklich eine Pause. Wiederholen Sie laut den Satz und machen Sie die Tätigkeiten nach. Und wenn Ihnen der Sinn noch nach anderen Pausenaktivitäten steht, machen Sie natürlich auch diese.

75. Merken Sie sich die folgenden Buchstaben. Helfen Sie sich dabei mit einer Eselsbrücke.

▶ Memo-Tipp 6 + 7

US CA IS LE RA LU ER LP

Verschnaufpause: Versuchen Sie den folgenden lateinischen Zungenbrecher laut und ohne zu „stolpern" zu lesen.

In marī merī mīrī morī mūrī necesse est.

76. Lesen Sie aufmerksam und prägen Sie sich die Details ein.

▶ Memo-Tipp 3E + 4

1. Septem annōs nāta sum sīcut Clāra, domina mea. Nōmen mihī Nivea est et alba sum. Blandissima sum et multum tempus cum Clārā agō. Cum fēlīx sum clāmō „nau, nau". In lēctō cubāre dīligō.

2. Fīdus nōminor. Āter sum. Quattuor annōs nātus sum et quaternī in singulīs pedibus unguēs mihī sunt. Cum dominō meō in hāc domō habitō quam dīligenter cūstōdiō. Noctū forīs in casā meā dormiō.

3. Cárolus vocor. Ruber sum et vīvārium inhabitō. Numquam loquor. Ūnusquisque vīcīnōrum mē dīligit sed Nivea mihī inimīca est.

75. Verwenden Sie die Buchstaben, um die folgenden Tiernamen zu vervollständigen.

vac☐	gal☐s	☐nis	☐na
s☐pēns	ov☐	equ☐	☐pus
pisc☐	ta☐a	☐ō	pass☐
ap☐	vu☐ēs	fē☐s	urs☐
mūs☐	cap☐	☐pus	c☐vus

76. Beantworten Sie die Fragen.

1. Quālia sunt animālia quæ interrogantur et quæ sunt eōrum nōmina?

   ____

2. Ubī habitant? ______________________________

3. Cujus colōris sunt? ______________________________

4. Quis est Clāra et quot annōs nāta est?

   ____

5. Duo animālia in eādem domō dormiunt. Quæ? ____________

   ____

77. Prägen Sie sich die folgenden Wörter ein, die keinen erkennbaren Zusammenhang aufweisen. Nutzen Sie dazu Ihre Fantasie, indem Sie z. B. eine Geschichte ausdenken, die die Wörter verbindet.

▶ Memo-Tipp 5

magister	nātūra	ortus	imperium
auxilium	orbis	studium	præfectus

Verschnaufpause: Vervollständigen Sie den vierten Dominostein.

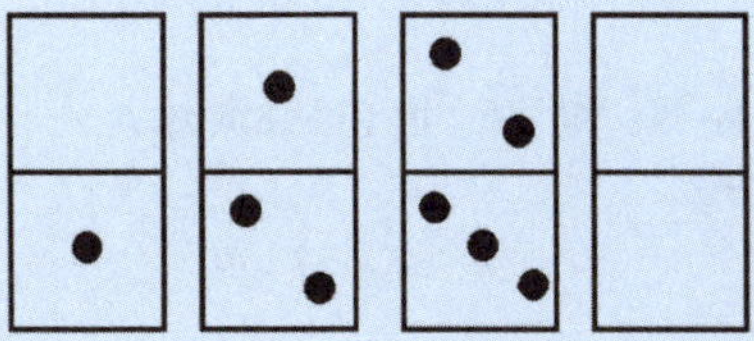

78. Prägen Sie sich die folgenden Wörter ein. Sie ergeben auch ohne die Zusätze in Klammern einen Sinn. Die Wörter in den Klammern erläutern jedoch den Verwendungskontext.

▶ Memo-Tipp 4

cāsus (adversus)	concursus (exercítuum)
(incendiōrum) damna	procella (equestris)
vulnerātiō (nervōrum)	interitus (urbis)
signa (mīlitāria)	

77. Die Wörter der vorangegangenen Seite sind allesamt Teile zusammengesetzter Ausdrücke. Versuchen Sie nun, die eingeprägten Wörter mit den unten stehenden Wörtern zu verbinden (Mehrfachnennungen sind möglich).

lūdī ________   ________ urbis   ________ terrārum

________ nāvium   ________ marítimum   ________ ēloquentiæ

________ prætōriī   sōlis ________   ________ ferre

summum ________   rērum ________

78. Erinnern Sie sich an die Wörter in Klammern? Vervollständigen Sie.

damna ______________________________

interitus ______________________________

signa ______________________________

cāsus ______________________________

vulnerātiō ______________________________

concursus ______________________________

procella ______________________________

79. Betrachten Sie die folgenden Gegenstände, sprechen Sie deren Bezeichnungen mehrmals laut und prägen Sie sich die Wörter ein.

▶ Memo-Tipp 3E

mātrīx

digitābulum

quadrum vīsíficum

perspicillum

clāvis

fīlum

pecten

sigarellum

lampas

tēlephōnum

operculum

80. Prägen Sie sich die folgende Liste mit Haushaltsgegenständen ein.

▶ Memo-Tipp 3A + 3E

malleus	māchina mixtōria	scōpæ
acus	forfex	frīgidārium[1]
discophōnum	focus	haustrum pulveris
	cīsōrium[2]	

[1] Lūcīlius *saturæ* 317 [2] Vegetius *ars veterīnāria sīve mūlomedicīna* 3,22,1

79. Die Gegenstände auf der vorangegangenen Seite lassen sich nicht ohne die folgenden Dinge verwenden. Finden Sie die entsprechenden Gegenstandspaare mit Hilfe der angegebenen Wörter. Schreiben Sie unter die jeweilige Zeichnung das entsprechende Begriffspaar.

nāsus • rāmentum sulphurātum[1] • claustrum • lūmen ēlectricum • exceptāculum[2] • cŏma • manus • ōlla • computātōrium[3] • acus • ~~cochlea~~[4]

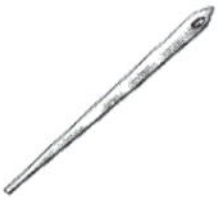

______ + ______ | ______ + ______ | ______ + ______ | ______ + ______ | ______ + ______ | *mātrīx* + *cochlea*

______ + ______ | ______ + ______ | ______ + ______ | ______ + ______ | ______ + ______

80. Was ist heute alles zu tun und mit welchen Gegenständen?

1. cāseum comedere: __________
2. cibōs congelāre: __________
3. barbam metere: __________
4. suere: __________
5. pulverem haurīre: __________
6. sūcum bibere: __________
7. clāvum fīgere: __________
8. mūsicam auscultāre: __________
9. coquere: __________
10. dēverrere: __________

[1] Mārtialis *epigrammatōn librī XIV* 10,3
[2] Tertulliānus *dē spectāculīs* 2,10
[3] Seneca *epistulæ mōrālēs ad Lūcīlium* 87,5
[4] Vitrūvius *dē architectūrā* 6,6,3

81. Eine geheimnisvolle Schatzkarte erwartet Sie auf der folgenden Seite. Statt aus Buchstaben besteht der Text nur aus Zahlen (jede Zahl entspricht einem Buchstaben). Entschlüsselt wurden bisher lediglich 8 Buchstaben. Prägen Sie sich diese zusammen mit der entsprechenden Ziffer ein.

▶ Memo-Tipp 3F + 6

1 = S   2 = N   3 = T   4 = E

5 = V   6 = R   7 = U   8 = H

Verschnaufpause: Das „magische Quadrat" heißt so, weil die Summe aller waagrechten, senkrechten und diagonalen Zahlen immer identisch ist. Vervollständigen Sie es.

6		8
	5	
2		4

82. Prägen Sie sich die folgenden Wörter ein. Die Reihenfolge ist wichtig.

▶ Memo-Tipp 3A

1. fēstus
2. lætitia
3. December
4. cantus
5. honor
6. missa
7. lūx

81. Entschlüsseln Sie mithilfe der Kenntnisse von der vorangegangenen Seite nun den restlichen Text.

5 14 1 2 4 – 3 8 4 1 18 7 6 7 17 – 6 4 15 4 6 14 6 4? –

15 6 19 20 4 25 4 – 19 20 3 19 – 15 18 1 1 7 1 –

18 25 – 1 4 15 3 4 2 3 6 14 19 2 4 1 – 5 4 6 1 7 1 –

18 – 1 18 16 19 – 14 2 20 14 15 14 4 2 1, – 23 7 19 25 –

26 19 6 17 18 17 – 20 18 10 5 18 4 – 15 6 18 4 12 4 3. –

15 4 6 22 4 – 3 6 14 22 14 2 3 18 – 15 18 1 1 7 1 –

14 2 – 19 6 14 4 2 3 4 17 – 4 3 – 1 20 6 19 12 4 17 –

4 26 26 19 25 4. – 1 7 12 – 3 4 6 6 18 17 – 18 6 20 18 17 –

2 7 17 17 19 6 7 17 – 18 7 6 4 19 6 7 17 – 15 10 4 2 18 17 –

14 2 5 4 2 14 4 1.

82. Notieren Sie nun folgende Buchstaben („W“ + Zahl bezeichnet das jeweilige Wort, „B“ + Zahl den entsprechenden Buchstaben des Wortes). Lösen Sie æ in ae auf.

W1	W1	W2	W2	W3	W3	W3		W4	W5	W5	W6	W6	W2	W2
☐	☐	☐	☐	☐	☐	☐		☐	☐	☐	☐	☐	☐	☐
B1	B2	B1	B5	B3	B4	B5		B1	B1	B5	B2	B3	B6	B7

W4	W4	W4	W6	W7	W2	W6	
☐	☐	☐	☐	☐	☐	☐	!
B3	B2	B4	B5	B1	B3	B1	

83. Prägen Sie sich die Sätze ein. Es handelt sich um Zukunftsüberlegungen „unserer Vorfahren“.

▶ Memo-Tipp 3E + 4

Quis scit num pronepōtēs nostrī …

1. … etiam igne ūsūrī sint ad calefaciendum.
2. … etiam pedibus itūrī sint.
3. … etiam in spēluncīs dormītūrī sint.
4. … etiam fūstibus pugnātūrī sint.
5. … etiam animālium pellēs indūtūrī sint.
6. … etiam vēnātūrī sint ut sibī cibum cómparent.

84. Lesen Sie die Sätze laut vor. Wiederholen Sie sie dann mit geschlossenen Augen „rückwärts“ nach dem unten angegebenen Schema. Prägen Sie sich dabei auch die Reihenfolge der Sätze ein.

▶ Memo-Tipp 4

Beispiel:
Crās mare petam.
petam – mare petam – Crās mare petam.

1. Sērius adveniam ut soleō.
2. Manēbisne crās in officīnā ad multum diem?
3. Hodiē vesperī mihī dīcet quid factūrus sit.
4. Crēdō mē eōs invītātūrum esse ad pascham.
5. Semper dubitō num perīcula superātūrus sīs.
6. Eōs herī invītāvī. Venientne?

83. Auf welche Sätze beziehen sich die Zeichnungen? Schreiben Sie die entsprechenden Sätze wie im Beispiel neben die passenden Zeichnungen.

Etiamne pedibus ībunt? ____________________ 

____________________ 

____________________ 

____________________ 

____________________ 

____________________ 

84. An welcher Stelle im Satz steht das Verb im Futur? Notieren Sie Position und Verb wie im Beispiel.

1. *zweites Wort (adveniam)* ____________________
2. ____________________
3. ____________________
4. ____________________
5. ____________________
6. ____________________

85. Prägen Sie sich die folgenden vier Wörter ein.

▶ Memo-Tipp 6

1. ESCA 2. ANIMALIA 3. HOMINES 4. VERBA

Verschnaufpause:
Drehen Sie den Stuhl um 90 Grad, indem Sie lediglich zwei der Streichhölzer verschieben.

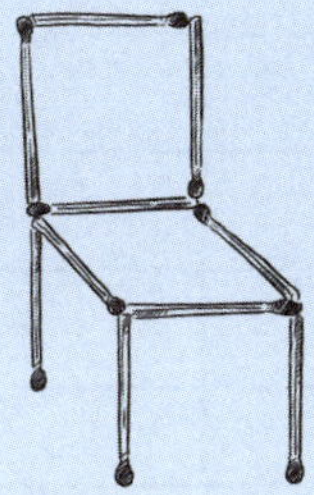

86. Ergänzen Sie die Sprichwörter und prägen Sie sie sich zusammen mit der dazugehörigen Nummer ein. Überprüfen Sie Ihre Ergänzungen dann mit den Lösungen.

▶ Memo-Tipp 3C + 4

1. Manus manum □□□□□.
2. Audiātur et altera □□□□.
3. Ab □□□ usque ad māla.
4. Medicus cūrat, □□□□□□ sānat.
5. Errāre □□□□□□□ est.
6. Mors certa, □□□□ incerta.

85. Finden Sie für jeden der folgenden Anfangsbuchstaben ein Wort, das zu den vier Themenbereichen der vorangegangenen Seite passt.

	1. ______	2. ______	3. ______	4. ______
U				
P				
M				
S				
C				

86. Zu welchen Sprichwörtern gehören die folgenden Erklärungen?

☐ = a. Ab initiō ad fīnem rēs dūcitur.

☐ = b. Jūdex neutrī partī faveat.

☐ = c. Nōbīs omnibus aliquandō moriendum est.

☐ = d. Sī quid ab aliō vīs, eī invicem faciās.

☐ = e. Ars medicīna tantum nātūram adjuvāre potest.

☐ = f. Hominēs interdum falluntur.

87. Merken Sie sich die folgenden Fragen und ihre Reihenfolge. Überlegen Sie sich auch mögliche Antworten auf die Fragen.

▶ Memo-Tipp 3E + 5

1. Quid gerere potes? ______________________________
2. Quid cadere potest? ______________________________
3. Quid solvere potes? ______________________________
4. Quid legere potes? ______________________________
5. Quid agere potes? ______________________________

88. Prägen Sie sich die folgenden Definitionen in der angegebenen Reihenfolge ein.

▶ Memo-Tipp 4

1. Arbor, qui pōma rotunda colōris rubrī et flāvī habet.
2. Bracchium exit in illam.
3. Colōrem quem senis capillī exhibent.
4. Animal lātrāns.
5. Quod superest cum ignis exstinctus sit.
6. Initiō oppositum est.

87. Kreuzen Sie die jeweils richtige Antwort an.

1. ... sed arcæ tuæ nōn inest?
   - ☐ calceōs
   - ☐ togam
   - ☐ tunicam
   - ☐ bellum

2. ... et frangitur?
   - ☐ umbra
   - ☐ verbum
   - ☐ calix
   - ☐ sōl

3. .... nummīs datīs?
   - ☐ nāvem
   - ☐ epistulam
   - ☐ ancoram
   - ☐ æs aliēnum

4. ... sine litterīs?
   - ☐ librum
   - ☐ epistulam
   - ☐ ossa
   - ☐ titulum

5. ... cum ipse nōn moveās?
   - ☐ bovem
   - ☐ currum
   - ☐ cervōs
   - ☐ vītam

88. Bei einem Metagramm verwandelt sich durch Veränderung eines Buchstabens ein Wort in ein anderes (z. B. Maus, Laus, Laut, ...). Versuchen Sie mit Hilfe der Definitionen, Wörter zu finden, die das folgende Metagramm lösen.

1. *mālus* → 2. ________ → 3. ________ →

4. ________ → 5. ________ → 6. *finis*

89. Merken Sie sich die Verbindungen aus Farbe und Satz. Denken Sie dabei an Ihre fünf Sinne!

▶ Memo-Tipp 3E + 3G

ātrum → Quam pulcherrimum!

viride → Hæc placenta dulcissima est!

cæruleum → Hoc textum tam molle est!

flāvum → Quī odor suāvis!

album → Nōnne audīs?

90. Lesen Sie sich die folgenden Sätze aufmerksam durch und prägen Sie sie sich ein. Die Sätze enthalten alle eine besondere Schwierigkeit für Lerner mit deutscher Muttersprache. Versuchen Sie herauszubekommen, von welcher Schwierigkeit die Rede ist.

▶ Memo-Tipp 8

1. Archæologī in urbe quādam antīquā mœnia alta effōdērunt.
2. Cum cælum frīgidum est aquā calidā lavārī soleō.
3. Nūper in theātrō amīcum convēni et cum eō ita garrīvī ut plaudere oblīvīscerēmur.
4. Animālia ut in foveam incidant ā vēnātōribus falluntur.
5. Libros in mēnsā positōs legere cœpimus.
6. Rīdiculus ille senex est etsī cōmis.

89. Welche „Farbe“ haben die folgenden Sätze?

1. ________ → Tintinnābulum tinnit. Īsne apertum?

2. ________ → Unde odor cibī adustī oritur?

3. ________ → Heus, hoc ācrī sapōre est!

4. ________ → Oblītusne es salis? Nihil sapit.

5. ________ → Quod cælum serēnum!

6. ________ → Corium nimis asperum est.

7. ________ → Semper ā domō abesse vidētur!

90. Haben Sie bemerkt, dass in jedem Satz ein „falscher Freund“ zusammen mit seiner richtigen Übersetzung versteckt war? Schreiben Sie alle falschen Freunde wie im Beispiel angegeben auf.

antiquus = *alt* → *altus* = *hoch, tief*

________ = ________ → ________ = ________

________ = ________ → ________ = ________

________ = ________ → ________ = ________

________ = ________ → ________ = ________

________ = ________ → ________ = ________

91. Merken Sie sich die folgenden Wörter.

▶ Memo-Tipp 3E + 6

mālō	sumitis
rapiō	nōtus
domus	nēmō
gerere	meritō
pōcula	animal

Verschnaufpause: Stellen Sie sich vor, Sie haben ein Seil von 26 Metern Länge und schneiden davon jeden Tag zwei Meter ab. Nach wie vielen Tagen sind Sie damit fertig?

Nach ________ Tagen.

92. Vervollständigen Sie die folgenden Verben mit einem Ihnen geläufigen, passenden Akkusativobjekt. Prägen Sie sich die Verben dann ein.

▶ Memo-Tipp 4

____________________ dūcere	____________________ mittere
____________________ facere	____________________ movēre
____________________ agere	____________________ reddere
____________________ ferre	____________________ tenēre

91. Die folgenden Wörter sind Anagramme derjenigen Wörter, die Sie sich gerade eingeprägt haben. D. h. die Buchstaben wurden innerhalb eines Wortes so umgestellt, dass ein neues Wort entsteht. Schreiben Sie neben jedes Anagramm das entsprechende ‚ursprüngliche' Wort aus der Liste der vorangegangenen Seite.

pariō → ____________________ tōnus → ____________________

mola → ____________________ sitimus → ____________________

regere → ____________________ mētior → ____________________

cōpula → ____________________ lāmina → ____________________

ōmen → ____________________ modus → ____________________

92. Ergänzen Sie die folgenden Akkusativobjekte mit den Verben der vorangegangenen Seite. Achtung: Die Bedeutung der Verben kann sich im Vergleich zu den Ausdrücken, die Sie gebildet haben, verändern.

vītam ____________________ rīsum ____________________

cūram ____________________ animum ____________________

uxōrem ____________________ pecūniās ____________________

suffrāgium ____________________ frūctum ____________________

Das Lesen bzw. Leseverstehen ist eine Fähigkeit, die sich durch spezifische Übungen verbessern lässt. Im Folgenden stellen wir Ihnen ein paar Möglichkeiten vor.

1. Schneller lesen

Um in einem Text gezielt die Informationen zu entdecken, die Sie interessieren und dabei die unwichtigen Stellen zu vernachlässigen, muss man in der Lage sein, schnell zu lesen. Testen Sie sich: Nehmen Sie eine Stoppuhr (womöglich hat Ihr Mobiltelefon eine entsprechende Funktion), ein Buch oder eine Zeitung in Ihrer Muttersprache und überprüfen Sie, wie viele Wörter Sie innerhalb einer Minute lesen können (Artikel oder Konjunktionen zählen dabei nicht als eigenständige Wörter).
Wenn Sie mehr als 300 Wörter geschafft haben, sind Sie bereits ein sehr schneller Leser. Wenn Sie darunter liegen, sollten Sie nach und nach versuchen, die Geschwindigkeit beim Lesen zu erhöhen. Übung macht den Meister: Denn je mehr Sie lesen, desto schneller lesen Sie. Außerdem gewöhnt sich das Gehirn innerhalb kurzer Zeit an das schnellere Tempo beim Lesen. Es ist bei einem schnellen Lesetempo insgesamt sogar leistungsfähiger!

2. Texte „überfliegen“

Wenn man einen Text „überfliegt“ – oder „quer“ liest – verschafft man sich einen ersten Überblick. Die Beherrschung dieser Technik ist wichtig für die Beurteilung, ob es sich lohnt, einen Text genauer – also Wort für Wort – zu lesen oder nicht. Dazu muss man sich darüber bewusst sein, welche Informationen man in einem Text finden möchte (Namen, Begriffe etc.). Beim Überfliegen des Textes müssen Sie dann auf Wörter, die mit dem Gesuchten in Verbindung stehen, Acht geben (und diese eventuell unterstreichen). Anhand der (Menge der) Signalwörter können Sie dann entscheiden, ob der Text für Ihre Zwecke geeignet ist (selektives Leseverstehen). Viele Texte müssen also nicht bis ins Detail gelesen werden. Auch um in einem Text die groben Zusammenhänge wiedergeben zu können, reicht es, ihn zu „überfliegen“. Dabei sucht man Antworten auf die sogenannten W-Fragen: Wer? Was? Wann? Wo? Wie? Warum? etc. Wenn Sie einen Text vor dem Hintergrund dieser Leitfragen „überfliegen“, erkennen Sie schnell den Gesamtzusammenhang (globales Leseverstehen).

3. Blickfeld erweitern

Die Erweiterung des Blickfelds erlaubt es, die Lesemenge mit einem Blick zu erweitern, also längere Wörter oder ganze Sätze schneller zu erfassen. Je stärker das Blickfeld eingeschränkt ist, desto eingeschränkter arbeitet das Gehirn. Fordern Sie Ihr Gehirn also, indem Sie Ihr Blickfeld und damit die zu verarbeitende Datenmenge erweitern. Testen Sie sich, indem Sie – ohne die Augen zu bewegen – versuchen, so viele Wörter wie möglich zu erfassen.

4. Inhalte „erraten“

Kontextgebundenes „Erraten“ von Buchstaben und Silben erleichtert und beschleunigt den Leseprozess. Bei geläufigen Wörtern werden dabei z. B. nicht alle Silben bewusst gelesen, sondern passend im Gehirn ergänzt, sodass das Wort vor dem jeweiligen Texthintergrund Sinn ergibt.

5. Vermutungen anstellen

Stellen Sie im Vorfeld Vermutungen über den möglichen Inhalt eines Textes an (z. B. anhand seiner Überschrift). Hilfreich sind

auch hier die W-Fragen. Dieser Schritt wird Ihnen das Textverständnis erleichtern und Ihnen außerdem helfen, den Inhalt besser im Gedächtnis zu behalten.
Es spielt letztlich auch keine Rolle, ob Ihre Vermutungen zutreffen. Denn die Auseinandersetzung mit Vermutungen vor dem Lesen gewährleistet während des Lesens eine aktivere und effektivere Aufnahme der Inhalte und sorgt außerdem für Bestätigungen oder Überraschungen.

6. Details erfassen

Wenn man in einem Text Einzelheiten verstehen möchte, spricht man vom detaillierten oder analytischen Lesen. Man liest Wort für Wort, Zeile für Zeile, Absatz für Absatz. Um alles zu erfassen und zu verstehen, muss man den Vorgang evtl. auch wiederholen.
Um sich die Inhalte dann auch zu merken, können Sie natürlich wieder auf die Ihnen aus den vorangegangenen Übungen bereits bekannten Memo-Tipps zurückgreifen.

Die folgenden Übungen greifen die hier dargestellten Lesestrategien wieder auf. Die Verweis ▶ **L + Ziffer** führt Sie zu der jeweils für eine Aufgabe anwendbaren Lesestrategie. Die übrigen Angaben beziehen sich auf die zu Beginn des Buchs dargestellten Memo-Tipps.

93. Lesen Sie den folgenden Text lautlos und stoppen Sie die Zeit, die Sie dafür benötigen. Lesen Sie den Text insgesamt drei Mal und stoppen Sie jedes Mal die Zeit. Haben Sie sich verbessert? Um wie viele Sekunden? ▶ L1

Omnium fortāsse pōtiōnum in orbe terrārum nōtissima est cóffea. Ubīque nōmen simile habet Æthiōpiā exceptā, unde oritur et ubī *bunna* vocātur. In Æthiōpiā vērō illa pōtiō nāta est in regiōne nōminis Kaffa, ubī prīmæ plantæ cóffeæ inventæ sunt. Ex quibus prīmō permulta sæcula pōtiō nōn coquebātur, sed sēmina vel integra vel contrīta et cum būtȳrō calidō tosta comedēbantur, quī ūsus adhū́c in remōtīs partibus illīus regiōnis valet.

Inter multās fābulās dē cóffeæ inventiōne est illa de pāstōre quōdam pigerrimō Kaffēnsī et dē ovibus ejus semper sēgnibus. Sed bēstiæ quondam, cum sēmina cujusdam herbæ comēdissent, subitō álacrēs factæ sunt. Pāstor cum etiam sēmina gūstāvisset iīs animum excitārī cognōvit. Mónachus quīdam postquam pāstōrem álacrem vīdit cum ipse sēmina comēdisset animum inter precēs nocturnās diūturnās magis acūtum et attentum reddī sēnsit. Cóffeæ mystērium cum mónachus pervulgāverit prīmum in Æthiōpiā et deinde in tōto orbe terrārum cognōtum est.

94. Erkennen Sie so schnell wie möglich das Wort, das nicht in die jeweilige Reihenfolge passt.

▶ L2

1. amō amās amat emō amet
2. Pollūx pollex pollēns pollis pellis
3. putō petō puter putus putō
4. mālum mālus mūlus māla māllō
5. quisque quidque quodque quæque quotquot

95. Lesen Sie die Wörter, indem Sie immer das kleine Quadrat im Auge behalten. ▶ L3

▪	▪
tū	sed
▪	▪
tuus	suus
▪	▪
tubus	sonus
▪	▪
tabula	saccus
▪	▪
tablīnum	sacerdōs
▪	▪
tabulātum	sacerdōtium
▪	▪
taciturnus	sacrāmentum

96. Lesen Sie Zeile für Zeile, aber fixieren Sie mit Ihrem Blick dabei die Mitte des Textes. ▶ L3

nox

nōlō

nūgæ

nūllus

natātiō

naufrāgium

nōnnumquam

nōngentēsimus

97. Lesen Sie die folgenden lateinischen Wörter laut. Sie sind Ihnen im Laufe der vorangegangenen Übungen bereits begegnet.

▶ L4

m▪nsa	luc▪rna	N▪v▪mber
ōv▪m	fa▪er	hō▪a
offic▪na	me▪īd▪ēs	a▪īc▪s
sex▪gin▪ā	pis▪i▪	S▪tur▪ī ▪iē▪
c▪sta▪ea	c▪bicu▪um	▪emo▪ia
a▪te▪ e▪erc▪re		

98. Lesen Sie laut den folgenden Zeitungsbericht und ergänzen Sie dabei möglichst flüssig die fehlenden Vokale.

▶ L4

Pu▪ll▪ avi▪m aucti▪ne cōnstitūtā v▪nd▪bat

Pu▪ll▪ d▪cem ann▪rum avi▪m aucti▪ne cōnstitūtā v▪nd▪bat cum e▪m ultr▪ t▪ler▪re n▪n posset. Præcōnem ▪vi▪m querib▪ndam s▪d am▪nt▪ss▪m▪m dēscrībere j▪ssit. Licitātiōnem m▪nim▪m p▪▪ll▪ n▪n st▪tu▪rat. S▪d ant▪qu▪m m▪gistrātūs aucti▪nem prohibuērunt v▪g▪nt▪ s▪pt▪m lic▪t▪ti▪nēs accēp▪t.

99. Lesen Sie den folgenden Text laut vor. Ergänzen Sie die fehlenden Informationen beim Lesen. ▶ L4

Pristis immānis capta est

Pristis immānis quadrāgintā cubitōrum capta est ā piscātōre valdē mīrantī. Cum piscātum domum attulisset omnēs quī pristem vidēbant sē numquam bēluam marīnam huius magnitūdinis vīdisse dīxērunt

100. Suchen und unterstreichen Sie im Text die Wörter, die Sie dem Bereich „Kriminalität" zuordnen (auch wenn Sie die genauen Wortbedeutungen nicht kennen). ▶ L2

Fēlem rapuērunt et pretium redēmptiōnis popōscērunt. VII hominēs captī sunt.

Hominēs quīdam fēlem rapuērunt et pretium redēmptiōnis poposcērunt sed a fēlis dominā indicātī sunt.
VII hominēs quī raptum patrāvisse putābantur comprehēnsi sunt. Illa epistulā certior facta erat fēlem raptam esse et XX nummīs redimī posse. Mulier pretium solvere cōnsēnserat sed antequam pecūniam trāderet rem ad magistrātūs dētulerat. Prædōnēs, IV mulierēs et III virī, captī et crīmine extorsiōnis raptūsque accūsātī sunt.

Lesen Sie den Text erneut, diesmal mit dem Augenmerk auf die Vergangenheitszeiten.

101. Interessieren Sie sich für Sport (a), Gerichtsberichte (b), Medizin (c), Wirtschaft (d), Nachrichten aus aller Welt (e) und von Stars und Sternchen (f)? Welche der folgenden Artikel würden Sie lesen?

▶ L2 + L5

1. Cæsaris scrīptum scholasticum inventum est. ___f___
2. A pīrātīs raptus quīdam iīs mortem minātur. ______
3. Rēs rūstica male sē habet. ______
4. Rædārius rædam sistit et prānsum it. ______
5. Spēs est magna, victōriæ dēsunt. ______
6. Chīrūrgus pedem falsum resecuit. ______

102. Lesen Sie den Artikel vor dem Hintergrund der folgenden Fragen.

▶ L2

1. Quis prīmās partēs agit?

2. Quid factum est?

Rude dōnātus quīdam sē honestum præbet

Septuāgēnārius quīdam rude dōnātus marsuppium plūs duo mīlia sēstertium continēns invēnit et rettulit. Cum enim ambulāret marsuppium humī jacēns invēnerat quod pecūniam, ānulum et chartam cui nōmen inscrīptum erat continēbat. Propterea marsuppium decuriōnī XXXVI annōs natō reddere potuit.

103. Lesen Sie die folgende Schlagzeile und stellen Sie eine kurze Vermutung über den Inhalt des dazugehörigen Zeitungsartikels an. Die W-Fragen können Ihnen dabei als Leitfragen behilflich sein. Blättern Sie dann um.

▶ L5

Fūrēs vigilēs pūblicōs conveniunt et auxilium petunt.

104. Lesen Sie den folgenden Artikel und prägen Sie sich die darin genannten Detailangaben (Maße, Kosten, etc.) ein. Versuchen Sie dann, die Aufgabe auf der folgenden Seite zu lösen.

▶ L6 + Memo-Tipp 4 + 8

ROMÆ – DOMUS ANGUSTISSIMA VENIT

Angustissima Romæ domus nōn minōris pretiī, centum mīlibus sēstertium, vēnit. Sita in Ēsquiliīs et minus decem pedēs lāta tria tabulāta habet et tōtam āream habitātōriam MCC pedum quadrātōrum præbet. Ædificātā M. Tulliō Cicerōne G. Antōniō Hybridā cōnsulibus hominēs præclārissimī in hāc domō habitābant, sīcut Sergius gladiātor rude dōnātus, Scorpus aurīga Pȳlădēsque pantomīmus.

103. Treffen Ihre Vermutungen zu? Lesen Sie den zur Schlagzeile gehörigen Zeitungsartikel.

Aurifex duo hominēs dēprehendit dum ānulōs aureōs surripere cōnantur. Eōs fūstibus ita tractāvit ut fugerent. Timōre aurificī quī fūrēs súbsequēbātur adductī cum vigilēs pūblicōs vīdissent eōs obsecrāvērunt ut sē comprehenderent nē aurifex eōs abundantius verberāret. Vigilēs fūrēs cūstōdiæ mandāvērunt.

104. Ergänzen Sie die fehlenden Informationen (Zahlen und Namen).

Angustissima Rōmæ domus vēnit ____________ sēstertium. Minus ____________ lāta est, ____________ tabulāta habet et āream habitātōriam ____________ pedum quadrātōrum præbet.
Ædificāta ____________ cōnsulibus, tam clārissimī hominēs sīcut ____________ et ____________ et ____________ eam inhabitābant.

105. **Lernen Sie den Text auswendig.**

▶ L6 + Memo-Tipp 3E + 4

Cūr cælum cæruleum est?
Sōlis lūx ex variīs colōribus cōnstat, quī ab āeris particulīs dīversē reflectuntur. Plūrimum cæruleus color reflectitur. Color lūcis quæ ā cælo in nostrōs oculōs intrat ergō cæruleus vidētur.

Verschnaufpause: Ein Kalenderblatt zeigt den 1. April an. Wie viele Blätter müssen Sie abreißen, bis Sie zu einem Datum mit der Angabe 31. gelangen?

____

106. **Prägen Sie sich den Text ein.**

▶ L6 + Memo-Tipp 3E + 4

Psíttacus loquitur sīcut puer

Lōrus vocātur, ætātis suæ annum octāvum agit et psíttacus eríthacus est quī in fœderātīs Americæ cīvitātibus habitat. Prīmum totīus orbis animal est quod æquē ac puer loquī scit. CML verba optimē cognōvit et ea Anglicā prōnūntiātiōne prōferre potest.

105. Beantworten Sie die folgenden Fragen.

1. Quæriturne quicquam in sententiīs aut titulō?

___

2. Quot verba sententiīs et titulō īnsunt?

___

3. Quot prōnōmina inveniuntur?

___

4. Quot colōres nōminantur?

___

106. Lesen Sie den Text erneut, unterstreichen Sie die Wörter, die verändert wurden und ersetzen Sie sie mit den ursprünglichen Wörtern.

Lōrus ei nōmen est, ætātis suæ annum octāvum agēns psíttacus eríthacus est quī in Amēricā septentriōnālī habitat. Prīmus totīus orbis psíttacus est quī perinde ac puer loquī scit. CML verba optimē cognōvit et ea Anglicā prōnūntiātiōne prōferre potest.

107. Lernen Sie die Sätze samt Nummerierung auswendig.

▶ L6 + Memo-Tipp 4

1. Īnfantulus nūper nātus jam magnam fāmam sibī acquīsīvit.

2. Mārcus Tullius Cicerō, Arpīnī nātus, omnēs hominēs numerō majōrum superāvit.

3. Ei maximus majōrum adhúc vīventium numerus est quod XIII ei sunt avōrum et aviārum, proavōrum et proaviārum, abavōrum et abaviārum.

108. Lesen Sie den Artikel. Prägen Sie sich die Ihrer Ansicht nach fehlenden Wörter ein.

▶ L6 + Memo-Tipp 4

Ædīlēs dēprehēnsī

Cum ædīlēs noctū in ________________ ambulābant lectōs invēnērunt quī mediā in viā ________________ erant. ________________ concīdērunt quia curribus impedīmentō erant[1]. Tunc ā vigilibus[2] ob damnum injūriæ ________________ sunt, nam eōs ædīlēs esse nōn ________________.

[1]dīgesta XVIII 6,13 [2]dīgesta I 15,3

107. In welchen der drei Sätze finden sich ...

1. familiārum nōmina? *In tertiā sententiā.*
2. īnfantis nōmen? ______
3. numerus? ______
4. oppidī nōmen? ______
5. superlātīvus? ______
6. participia? ______

Verschnaufpause: Lösen Sie die „Gleichung".

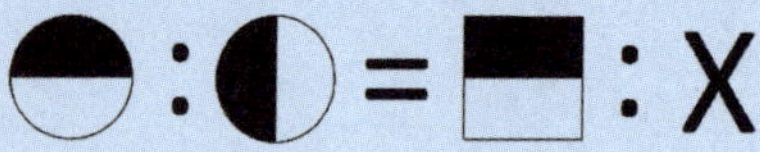

108. Bringen Sie die folgenden fehlenden Wörter aus dem Text auf der vorangegangenen Seite in die richtige Reihenfolge. Fügen Sie sie dann auch in den Text ein.

______ agnōverant

1 viā (viīs)

______ positī

______ dēprehēnsī

______ Eōs

109. **Die folgenden Schlagzeilen sind nicht eindeutig einem Thema zuzuordnen. Stellen Sie auf Lateinisch Vermutungen über mögliche Inhalte an. Prägen Sie sich dann die Sätze mit der dazugehörigen Nummerierung ein.** ▶ L5 + Memo-Tipp 4

1. Negōtia mē pinguem reddidērunt!

2. Cantabrīgia optima est.

3. **Dīs grātiā nōn vīcimus.**

4. **Historia sárcinæ viridis errantis.**

110. **Lesen Sie überblicksartig den folgenden Artikel.** ▶ L2

Sāturnālibus urbem trānsīre nōn nisi pedibus licēbit

Magistrātus Rōmānus Sāturnālibus ūsum vehiculōrum interdīcēbat. Diēbus fēstīs XVII ad XXIII mēnsis Decembris nē hominēs urbem trānsīrent nisi aut pedibus aut sellā aut lectīcā ēdictō monuit. Sī quis ēdictum violāverit damnum pecūniæ inter XXV et D nummōs accipiet.

109. Welchen Schlagzeilen entsprechen die folgenden Untertitel?

_____ 'Pondus a 60 ad 130 chiliogrammata crēvit.' Vīta dūra cibōrum exīstimātōris narrātur.

_____ 'Fēriæ mihī perditæ sunt.' Sarcina mulieris cūncta vestīmenta continēns āmissa est.

_____ **Quæ mala fāta spōnsiōnum victōribus accidere solent.**

_____ Hæc studiōrum ūniversitās fāmam optimam habet.

110. Beantworten Sie die Fragen.

1. Ubī factum est?

____

2. Ad quās celebrātiōnēs rēgulæ attinent?

____

3. Quanta est pœna pecūniāria?

____

4. Quibus diēbus lūdī celebrābuntur?

____

111. Prägen Sie sich die folgenden Wörter mitsamt ihrer Nummerierung ein.

▶ Memo-Tipp 5

1. liber
2. memoria
3. implēre
4. sententiam
5. valē
6. sī
7. potes
8. uterque
9. viget
10. gaudeat

111. Vervollständigen Sie den Text, indem Sie die den Ziffern entsprechenden Wörter eintragen.

(6) ____________________ hanc (4) ____________________

(3) ____________________ (7) ____________________,

(2) ____________________ (9) ____________________ et hic

(1) ____________________ tibī fortāsse auxiliō fuit.

(8) ____________________ nostrum (10) ____________________ .

(5) ____________________ !

2. Die Zahlen in der Tabelle (beim Aufzählen wird die neutrale Form der deklinierbaren Zahlen verwendet): tria, zērum (in der Antike unbekannt), septendecim, quīnque, ūndecim, sex, sēdecim, ūnum, octō. Die nicht genannten Zahlen bis zwanzig: duo, quattuor, septem, novem, decem, duodecim, tredecim, quattuordecim, quīndecim, duodēvīgintī, ūndēvīgintī, vīgintī

3. Fēlīx Anglus est. Robertus et Bernardus Germānī sunt. Ēva Austríaca est. Lūcius Hispānus est. Anna Francogalla est.

4. Jānuārius, Mārtius, Mājus, Jūlius, Augustus, Octōber, December

5. <u>alimenta:</u> puls, pullus, ōvum, farcīmen, jūsculum; <u>professiōnēs:</u> operārius, vēnditor, præceptor, medicus, faber lignārius

6. 1. Est hōra tertia minūta quadrāgēsima quīnta / hōra tertia et dōdrāns. 2. Hōra duodecima / Merīdiēs / Media nox est. 3. Hōra sexta minūta quīnta decima / Hōra sexta et quadrāns est. 4. Hōra tertia minūta trīcēsima / Hōra tertia et dīmidia est. 5. Hōra quīnta minūta quadrāgēsima est. 6. Hōra prīma est.
Abgebildet sind: Merīdiēs / Hōra duodecima est. Media nox est. Hōra tertia et dōdrāns est.

7. Mārcus, Mediōlānī, Italiā; Architectūræ, officīnā, patris

Verschnaufpause: Es sind mehr als 10 Dreiecke.

8. **n**ōmen, datum, pr**a**enōmen, sexus, diēs nā**t**ālis, val**i**dus ad, l**o**cus nātālis / Lösung: **nātiō**

9. 2.562 – MMDLXII; 15.827 – $\overline{\text{XV}}$ DCCCXXVII; 128.426 – $\overline{\text{CXXVIII}}$ CCCCXXVI; 327.814 – $\overline{\text{CCCXXVII}}$ DCCCXIV; 1.905.366 – $|\overline{\text{IXX}}|$ VMCCCLXVI; 2.000.000.008 – $|\overline{\text{XXM}}|$ VIII

10. 1. piscis, *is m.*, sal, *salis m.*; 2. carō, *carnis f.*, oxygala, *æ f.*, perna, *æ f.*; 3. lac, *lactis n.*, siser, *siseris n.*

11. <u>odōrēs jūcundī:</u> láganum, placenta, pōculum vīnī, flōs; <u>odōrēs tætrī:</u> pedēs sūdātī, piscis corruptus, sordēs, mephītis

13. catīnus, mappa, lagœna

14. 1. (+ 3) – 18 (IIXX, duodēvīgintī); 2. (- 2) – 11 (XI, ūndecim); 3. (x 2) – 64 (LXIV, sexāgintā quattuor); 4. (x 2 + 1) – 191 (CXCI, centum nōnāgintā ūnum)

15. pirum, ālium

16. 1. vērum, 2. falsum, 3. falsum, 4. falsum

17. <u>homō movēns:</u> īre ambulātum / ad forum / in silvam / domum, lūdere pedifolliō; facere gradum; <u>homō sedentārius:</u> spectāre lūdōs, īre in somnum, lūdere tālīs / āleā, vehī currū, remanēre domī, audīre cantum

Verschnaufpause: Um 20 Vokabeln zu lernen, braucht man genauso viel Zeit wie für das Doppelte der Hälfte von 20 Vokabeln, da es sich beide Male um 20 Vokabeln handelt.

18. nōn, timeō, memoria, omnis, emblēma

19. fātum – tabulātum, argentum – pavīmentum, diēs – quiēs, scīre – audīre, amāre – laudāre, cīvitās – cāritās, magister – minister

Verschnaufpause: 19 (die Zahlen folgen dem Schema + 3 – 1)

20. 1. vīnum, aqua, mulsum; 2. pullus, suīlla, vitulīna; 3. XVIII (III vīnī, XV aquæ); 4. pōcula, mappæ

21. Aussprache (deutsche Lautwerte): a, b, ke, d, e, f, g, h, i, k, l, m, n, o, p, q, r, s, t, u, x, y, zeta

Beachten Sie: *j* und *v* sind im ursprünglichen lateinischen Alphabet keine eigenen Buchstaben, da ihre Lautwerte durch die Buchstaben *i* und *u* mit abgedeckt wurden. Wir verwenden sie in diesem Buch im Einklang mit der späteren Tradition zur besseren typografischen Unterscheidung der Lautwerte.

Verschnaufpause: Es fehlt der Buchstabe U. Es handelt sich um die Anfangsbuchstaben der lateinischen Zahlen von X bis I (decem – novem – octō – septem – sex – quīnque – quattuor – tria – duo – ūnum).

25. 1. Quis dormit? 2. Quō īs? 3. Quandō adveniēs? 4. Cūr nōn veniēs? 5. Quid facis?

Verschnaufpause: F (6. Buchstabe des lateinischen Alphabets) + N (13. Buchstabe des lateinischen Alphabets) = 19 (vgl. Lösung 21)

26. 1. flōrēs seruntur. 2. pōtiōnēs frīgidæ sorbillantur et hominēs aprīcantur. 3. ūvæ vīndēmiantur et castaneæ comeduntur. 4. lacernæ geruntur et nartātur.

27. 1. toga, 2. folium, 3. cælum, 4. sanguis, 5. sōl, 6. terra

Verschnaufpause: Man benötigt vier Farben (rot, gelb, grün, schwarz). Schwarz für das Gehäuse der Ampel. Die Fahne des Vatikans ist gelb-weiß, der vatikanische Briefkasten ist ebenfalls gelb. Auch wenn die Farbe Weiß vorkommt, werden Sie sie sicherlich nicht für eine Zeichnung verwenden.

28. sēligere, sḗligo, sēlēgī, sēlēctum; lūdere, lūdō, lūsī, lūsum; comedere, cómedō, comēdī, comēsum; emere, emō, ēmī, ēmptum; induere, índuō, índuī, indūtum; rapere, rapiō, rapuī, raptum; rēpere, rēpō, rēpsī, rēptum; vēndere, vēndō, vēndidī, vēnditum. Es handelt sich um unregelmäßige Verben.

29. 1. Artem laniōnis exercet. 2. Ovidius nōminātur. 3. Vēneunt suīlla, ovīlla, farcīmina, alia. 4. Sē prō poētā gerit. 5. Holera, sēmina, pōma frūmentaque amat.

30. nōbilis – comparāre, fābula – patientia, calāmitās – contemnere, dubium – tempestās

32.

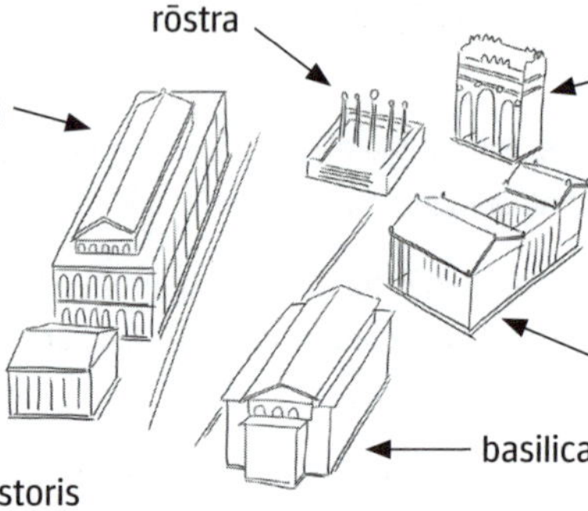

33. macer, pallidus, ōs, tenuis, compāctus, vetus; „Barba nōn facit philósophum“ bedeutet „Ein Bart macht noch keinen Philosophen.“

34. Utrīque oculī et supercilia nigra sunt. Pater barbātus laureātusque palūdāmentum gerit et statūrā minor est quam fīlius. Fīlius tunicam gerit et lēvis patreque prōcērior est.

35. 1. caput, 2. digitus, 3. bracchium, 4. pēs, 5. auris, 6. umerus, 7. crūs

36. nāsus, faciēs, capillī, crūra, oculī, labra; (oculī) cæruleī, (crūra) gracilia, (faciēs) ōvāta, (labra) carnōsa, (capillī) cānī, (nāsus) tūberōsus

37. 1. pede, 2. manūs, 3. caput, 4. crūs, 5. corde
1. Mel in ōre, fel in corde. 2. In hāc rē omnī pede standum est. 3. Nec caput nec pedēs. 4. An nescīs longās rēgibus esse manūs? 5. Asciam sibī in crūs impingere.

40. Cēnāvī. Domum redīvī. Domō abīvī. Studuī. Jentāculum sūmpsī. Lavātus/-a sum. Pōtiunculam bibī. Surrēxī.

41. Imperfekt: beschreibt Umstände und Ursachen (1), Gebräuche (3), wiederholte Handlungen (7) bzw. versuchte Handlungen (*dē cōnātū*, 5); Perfekt: stellt eine vollendete Handlung dar (6), beschreibt eine Handlung mit fortdauernder Wirkung (4) bzw. ein neu eintretendes Ereignis in einer Erzählung (2).

Verschnaufpause: Potuit, mēnsibus Augustō, Novembrī et Decembrī sōlum VIII litteræ sunt.

42. rosa → salūs → lūstrāre → rēmus → musca → canis → nisi → sibī → bibō → bonum → nūmen → mēnsis

43. ... Juliæ diē XXI mēnsis Februāriī, Catharīnæ diē IIXXX mēnsis Jūliī, Gaiī diē XII mēnsis Augustī, Sophiæ diē XXX mēnsis Septembris, Lūciæ diē XXIV mēnsis Octōbris, Lȳdiæ diē XIV mēnsis Novembris, Philippī diē XXII mēnsis Decembris.

Verschnaufpause: 9876

44. vīsus: vidēre, cernere, spectāre, sentīre / trānslūcidus, clārus, viridis; audītus: auscultāre, sentīre / exsurdāns; gūstus: gūstāre, sentīre / amārus, dulcis, īnsulsus; tāctus: tangere, mulcēre, palpāre, sentīre / asper, calidus, mollis, lēvis; olfactus: odōrārī, sentīre / fœtidus. Das Verb *sentīre* (mit den Sinnen wahrnehmen) kommt mehrfach vor.

45. 1. quattuor: cáliga – fōcāle – gunna – tibiālia; 2. cingulum; 3. castanea; 4. thōrāx lāneus / mæniānum; 5. ita

46. lagœna = 3.; forēs = 1.; arca = 4.; liber = 5.; pōculum = 2.

47. 1. falsum; 2. vērum; 3. vērum; 4. falsum; 5. vērum; 6. falsum, 7. vērum; 8. falsum

48. Es gibt keine Veränderungen (mūtātiōnēs dēsunt). / Außer Haus (forīs).

49. 1. Mārcus, 2. Jūlia, 3. Robertus, 4. Hadriānus, 5. Philippus

50. vestibulum, jānua, cubiculum, triclīnium, ātrium, pavīmentum, lectus, tabulātum, lātrīna, tēctum, mæniānum, balneum / Oberbegriff: domus

51.

1.	2.				
		3.		7.	
		4.		6.	8.
			5.		9.
				10.	
					11.

Verschnaufpause: X = dormīre

52. 1. duo armāria; 2. septem māchinæ ēlectricæ (frīgidārium, focus, māchina ēlūtōria, tēlevīsōrium, lampas, māchina lavātōria, haustrum pulveris); 3. lavābrum inest; 4. est; 5. nōn, habet tantum II fenestrās

53. Der Name der Person und das Transportmittel beginnen jeweils mit demselben Buchstaben. Mögliche Lösung: Paula: pedēs, plaustrum, pīlentum; Sabīna: scapha; Victor: verēdus, vehiculum. Weitere mögliche Kombinationen: Camilla: carpentum; carrūca; Titus: traha.

Verschnaufpause: (10 x 2) + (5 x 1) + (3 x 4) = 37

54. hiems (Quod frīgus!); madidus (Quī imber!); lectus (Quī somnus!); ōscitāre (Quæ nausea!); pōculum (Quæ sitis!); hōrologium (Quam sērō!); sōl (Quī calor!); fōcāle (Quī ventus!); pānis (Quæ famēs!); capillus in jūsculō (Quod tædium!)

55. humilis – pinguis – validus / inurbānus – placidus – remōtus / lātus – attentus – pulcher / longus – prūdēns – magnus

Verschnaufpause:

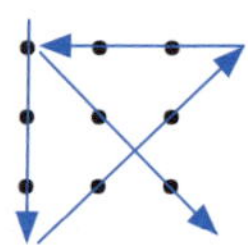

56. Mögliche Lösung: Tullia āctīva est, Mārcia et Ūdalrīcus āctīvī sunt. Alexander strēnuus est, Cynthia strēnua est, Alexander et Cynthia strēnuī sunt. ...

Verschnaufpause: 1001

58. Mögliche Lösung: Rōma, Lutētia, Londīnium, Athēnæ, Monasterium, Oxōnium, Matrītum, Mediōlānum / Aquīsgrānum

59. avunculus, filia, nepos, soror, maritus, avus, matertera, uxor, patruus, pater

Verschnaufpause: ? = 1500 (Die Zahlenreihen folgen nacheinander dem Prinzip x 1, x 2, x 3, x 4, x 5).

60. 1. coāctor, 2. gnārus, 3. tībīcen, 4. ōrātor; Lösung: **cognātiō**

61. ♂: viduus, cælebs, marītus, concubīnus; ♀: virgō nūbilis, uxor, vidua, spōnsa, repudiāta, pælex

Verschnaufpause: Es sind 16 geometrische Figuren (ABHG, GHDE, ABDE, AFG, FGE, BCH, HCD, BCD, AFE, ABCF, FEDC, ABHF, ABCG, FHDE, GCDE, ABCDEF).

62. <u>equō:</u> ephippium, virga, calcāria, habēna; <u>rædā:</u> rædārius, sufflāmen, axungia; <u>nāve:</u> appulsus, portus, vēlum, portōrium, nauarchus

63. Frīgidum / Nebulōsum / Nūbilum est cælum. Sōl splendet. Ventus flat. Tŏnat. Pluit. Ningit. Grandinat.

Verschnaufpause:

⑥
②①
④③⑤

64. <u>cælum serēnum:</u> Martis diē, Jovis diē, Veneris diē; <u>tempestās fœda:</u> hodiē, crās, Mercūriī diē; Saturnī diē; hodiē Sōlis diēs est.

65. exīre: 5; introīre: 2, sistere: 1, fūmāre: 4, trānsīre: 3.
Den verneinten Imperativ bildet man im Lateinischen mit *nōlī* + Infinitiv (*nōlī exīre*), mit *nē* + 2.Ps.Sg.Konj.Perf. (*nē exieris*), mit *nē* +2.Ps.Sg.Konj.Ps. (*nē exeās*), mit *nē* + Imperativ (*nē exī*), mit *nē* + Imperativ II (*nē exītō*), mit *nōn* + 2.Ps.Sg.Fut. (*nōn exībis*), sowie mit Umschreibungen der Art *nōlim exeās*, *cavē nē exeās* etc.

66. 2. Nōn trānsgrediēris! / Nōn trānsgrediēmini! 3. Nē præcipitāveris! / Nē præcipitāveritis! 4. Nē lūdās! / Nē lūdātis! 5. Nē intrōdūc! / Nē intrōducite! 6. Nē fūmātō! / Nē fūmātōte!

67. X = opus, Y = pecūnia (pecūniæ famīliārēs, pecūniam mūtuam dare / ērogāre / facere), Z = ars (artem exercēre, ars medendī, artēs līberālēs, artem discere), A = negōtia

Verschnaufpause: 1 + 1 + 1 + 1 + 11 = 15

68. waagrecht: facere, merērī, faber; senkrecht: negōtium, artifex, mercēs, operārius, mōlīrī; diagonal: opus, labōrāre, tīrō, industria, pēnsum; pecūnia nōn olet (Geld stinkt nicht).

69. Lösung: **Tullius Cicerō**

70. taberna sūtrīna: calceī, cáligæ; forum holitōrium: brassica, fabæ, lentēs; taberna pōmāria: pira, frāga; forum piscārium: mullus, aurāta, garum; taberna vīnāria: Falernum, Cæcubum

71. 2, 5, 4, 3, 7, 9, 1, 6, 8

72. imperfectum: peterem, stābat, tenēbat, rīdēbat, remānēbat, gūstābat; perfectum: convēnī, appāruit, ēripuit, cœpit

73. 1. Mărius, 2. Flāvia, 3. Mārcus, 4. Lūcius, 5. Gaius, 6. Paula, 7. Lūcia, 8. Clāra

Verschnaufpause:

75. vacca, gallus, canis, rāna, serpēns, ovis, equus, lupus, piscis, talpa, leō, passer, apis, vulpēs, fēlēs, ursus, musca, capra, lepus, cervus

76. 1. fēlēs alba (Nivea), canis āter (Fīdus), piscis ruber (Cárolus); 2. omnēs trēs domum incolunt; 3. alba, āter, ruber; 4. Clāra Niveæ domina est et septem annos nāta est; 5. fēlēs et piscis

77. lūdī magister, præfectus urbis, orbis terrārum, præfectus nāvium, imperium marítimum, studium ēloquentiæ, præfectus prætōriī, sōlis ortus, auxilium ferre, summum imperium, rērum nātūra

Verschnaufpause:

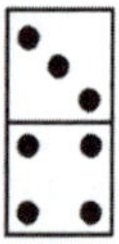

79. quadrum vīsificum + computātōrium; lampas + lūmen ēlectricum; perspicillum + nāsus; operculum + ōlla; fīlum + acus, mātrīx + cochlea; clāvis + claustrum; sigarellum + rāmentum sulphurātum; pecten + cŏma; tēlephōnum + exceptāculum; digitābulum + manus

80. 1. cīsōrium, 2. frīgidārium, 3. forfex, 4. acus, 5. haustrum pulveris, 6. māchina mixtōria, 7. malleus, 8. discophōnum, 9. focus, 10. scōpæ

81. Vīsne thēsaurum reperīre? Prōcēde octō passūs ad septentriōnēs versus ā saxō incipiēns, quod fōrmam calvæ præbet. Perge trīgintā passūs in ōrientem et scrobem effode. Sub terram arcam nummōrum aureōrum plēnam inveniēs.

Verschnaufpause:

6	1	8
7	5	3
2	9	4

82. fēlīcem Chrīstī nātālem!

83. Panzer: Etiamne fūstibus pugnābunt? Schuhe: Etiamne animālium pellēs induent? Heizung: Etiamne igne ad calefaciendum ūtentur? Supermarkt: Etiamne vēnābuntur ut sibī cibum cómparent? Bett: Etiamne in spēculīs dormient?

84. 2. erstes Wort (manēbisne), 3. viertes, sechstes und siebtes Wort (dīcet, factūrus sit), 4. viertes und fünftes Wort (invītātūrum esse), 5. fünftes und sechstes Wort (superātūrus sīs), 6. viertes Wort (venientne)

85. Mögliche Lösungen:
U: ūva / ursus / ūrīnātor / ūtī
P: pānis / piscis / pīstor / petere
M: mālum / mūs / māter / mālle
S: lentēs / lepus / laniō / legere
C: carō / canis / coquus / cessāre

Verschnaufpause:

86. 1. lăvat, 2. pars, 3. ōvō, 4. nātūra, 5. hūmānum, 6. hōra
3-a; 2-b; 6-c; 1-d; 4-e; 5-f

87. 1. bellum; 2. calix; 3. æs aliēnum; 4. ossa; 5. vītam

88. mālus – manus – cānus – canis – cinis – fīnis

89. 1. album; 2. flāvum; 3. viride; 4. viride; 5. ātrum; 6. cæruleum, 7. ātrum / album

90. 2. frīgidus = kalt → calidus = warm; 3. garrīre = plaudern → plaudere = Beifall klatschen; 4. incidere = hineinfallen → fallere = täuschen; 5. pōnere = legen → legere = lesen; 6. rīdiculus = komisch → cōmis = freundlich

91. pariō / rapiō; tŏnus / nōtus; mola / mālō; sitimus / sūmitis; regere / gerere; mētior / meritō; cōpula / pōcula; lāmina / animal; ōmen / nēmō; modus / domus

Verschnaufpause: Nach 12 Tagen (wenn man am 12. Tag das Seil um 2 Meter kürzt, bleiben nur noch 2 Meter übrig).

92. Mögliche Lösung: nāvem dūcere, epistulam mittere, castra facere, caput movēre, bovem agere, librum reddere, onus ferre, cultrum tenēre;
vītam agere, rīsum tenēre, cūram mittere, animum movēre, uxōrem dūcere, pecūniās facere, suffrāgium ferre, frūctum reddere

94. 1. emō, 2. pellis, 3. petō, 4. mūlus, 5. quotquot

97. mēnsa, lucerna, November, ōvum, faber, hōra, officīna, merīdiēs, amīcus, sexāgintā, piscis, Sāturnī diēs, castanea, cubiculum, memoria, artem exercēre

98. Puella aviam auctiōne cōnstitūtā vēndēbat
Puella decem annōrum aviam auctiōne cōnstitūtā vēndēbat cum eam ultrā tolerāre nōn posset. Præcōnem aviam queribundam sed amantissimam dēscrībere jussit. Licitātiōnem minimam puella nōn statuerat. Sed antequam magistrātūs auctiōnem prohibuērunt vīgintī septem licitātiōnēs accēpit.

99. Pristis immānis capta est
Pristis immānis quadrāgintā cubitōrum capta est ā piscātōre valdē mīrantī. Cum piscātum domum attulisset omnēs quī pristem vidēbant sē numquam bēluam marīnam hujus magnitūdinis vīdisse dīxērunt.

100. rapere, pretium redēmptiōnis pōscere, capere, indicāre, raptus, comprehendere, redimere, dēferre, prædō, crīmen, extorsiō, accūsāre; rapuērunt, popōscērunt, captī sunt, indicātī sunt, patrāvisse, putābantur, comprehēnsī sunt, facta erat, raptam esse, cōnsēnserat, trāderet, dētulerat, accūsātī sunt

101. 2. b; 3. d; 4. e; 5. a; 6. c

102. 1. Septuāgēnārius quīdam rude dōnātus. 2. Marsuppium plēnum pecūniæ invēnit et dominō reddidit.

105. 1. etiam (in titulō); 2. XXXII verba; 3. III (quī, quæ, nostrōs); 4. ūnus (cæruleus)

Verschnaufpause: 60 (vom 1. bis 30. April 30 Blätter und vom 1. bis 30. Mai ebenfalls 30 Blätter; der 31. braucht nicht abgerissen zu werden)

106. Lōrus vocātur / Lōrus ei nōmen est; annum octāvum agit et / annum octāvum agēns; in fœderātīs Americæ cīvitātibus / in Americā septentriōnālī; prīmum ... animal / prīmus ... psíttacus; quod æquē / quī perinde

107. 2. in secundā sententiā (Mārcus Tullius Cicerō); 3. in tertiā (XIII); 4. in secundā (Arpīnum); 5. in tertiā (maximus); 6. in prīmā (nātus), secundā (nātus) et tertiā (vīventium)

Verschnaufpause: X = 

108. 2. positī, 3. Eōs, 4. dēprehēnsī, 5. agnōverant

109. 1, 4, 3, 2

110. 1. Romæ. 2. Sāturnālia. 3. Inter XXV et D nummōs. 4. Ā diē XVII ad XXIII mēnsis Decembris.

Wörtern mit Mehrfachbedeutungen ist die entsprechende Übungsnummer in runden Klammern beigefügt (VP = Verschnaufpause). Substantiven sind Genitiv und Geschlecht, Adjektiven die Geschlechtsformen und unregelmäßigen Verben die Stammformen hinzugefügt.

Folgende Abkürzungen werden verwendet:

m.	maskulin	*c.*	communis (maskulin oder feminin)
f.	feminin	*Pl.*	Plural
n.	neutral	*adj.*	Adjektiv, adjektivisch

A

ā	von
a.C.n. (ante Chrīstum nātum)	v. Chr. (vor Christi Geburt)
ab	von
ábavia, *æ f.*	Ururgroßmutter
ábavus, *ī m.*	Ururgroßvater
abesse, *absum, āfuī, –*	abwesend sein
abīre, *ábeō, abīvī, ábitum*	weggehen
abundantius, *a, um*	noch mehr
ac	wie; und (72)
accídere, *áccidō, áccidī, –*	zustoßen
accipere, *accipiō, cēpī, ceptum*	empfangen
accūsāre	anklagen
ācer, *cris, cre*	scharf
acētābulum, *ī n.*	Soßenschüssel *(groß, zum Eintauchen von Speisen)*
acquīrere, *acquīrō, sīvī, sītum*	verschaffen
ācroāsis, *is f.*	Vortrag
ācta, *ōrum n. (Pl.)*	Verzeichnis
ācta diurna	Zeitung
āctīvus, *a, um*	tätig
acus, *ūs f.*	Nadel
acūtissimus, *a, um*	äußerst scharf
acūtus, *a, um*	scharf
ad	an, bis, nach, zu
addūcere, *addūcō, dūxī, ductum*	veranlassen (103)
adesse, *adsum, adfuī, –*	anwesend sein; da sein (52)
adhū́c	bisher, immer noch
adīre, *eō, īvī, itum*	hingehen
adjuvāre, *ádjuvō, adjūvī, adjūtum*	unterstützen
adsentīre, *iō, sēnsī, sēnsum*	zustimmen
adulēscēns, *entis c.*	junger Mann, junge Frau
aduncus, *a, um*	einwärts gebogen
adūrere, *ūrō, ussī, ustum*	anbrennen
advenīre, *adveniō, advēnī, adventum*	ankommen
adversus, *a, um*	ungünstig
ædificāre	erbauen
ædīlis, *is m.*	Ädil *(römischer Aufsichtsbeamter)*
ægrōtāre	krank sein
æmulus, *a, um*	eifersüchtig
æquē	ebenso
āēr, *āeris m.*	Luft
āēr compressus	Druckluft (49)
æs, *æris n.*	Erz
æs aliēnum	Schulden (87)
æstās, *ātis f.*	Sommer
æstāte	im Sommer (26)
ætās, *ātis f.*	Alter

Æthiōpia, *æ f.*	Äthiopien
afferre, *afferō, attulī, allātum*	hinbringen
afficere, *afficiō, affēcī, affectum*	erfüllen
agere, *agō, ēgī, āctum*	treiben; handeln (37); stattfinden (12)
annum VIII agere	im achten Jahr stehen *(= sieben Jahre alt sein)* (105)
bovem agere	einen Ochsen antreiben (87, 92)
diem nātālem agere	Geburtstag feiern (43)
prīmās partēs agere	die erste Rolle spielen (102)
tempus agere	Zeit verbringen (76)
vītam agere	das Leben führen (87, 92)
agnōscere, *agnōscō, agnōvī, ágnitum*	erkennen
álacer, *cris, cre*	munter
albus, *a, um*	weiß
ālea, *æ f.*	Würfel
aliēnus, *a, um*	fremd
alimentum, *ī n.*	Nahrungsmittel
aliquandō	irgendwann
aliquis, *aliquid*	irgendeiner, -e, -es
ālium, *ī n.*	Knoblauch
alius, *a, ud*	anderer, -e, -es
alter, *altera, alterum*	der andere *(von zweien)*
altus, *a, um*	hoch, tief
amantissimus, *a, um*	sehr liebenswürdig
amāre	lieben
amārus, *a, um*	bitter
amātor, *ōris m.*	Liebhaber
ambō, *æ, ō*	beide *(von zweien)*
ambulāre	umhergehen
Amērica, *æ f.*	Amerika

amīcitia, *æ f.*	Freundschaft
amicīre, *amiciō, icuī (ixī), ictum*	sich ein Gewand umlegen
amiculum, *ī n.*	Mantel
amīcus, *ī m.*	Freund
āmittere, *āmittō, āmīsī, āmissum*	verlieren
āmōtus, *a, um*	entfernt
ámphora, *æ f.*	Amphore
an	oder
anábathrum, *ī n.*	Aufzug
áncora, *æ f.*	Anker
Anglicus, *a, um*	englisch
Anglus, *a*	Engländer(in)
angustus, *a, um*	eng
animal, *ālis n.*	Tier
animus, *ī m.*	Geist
annus, *ī m.*	Jahr
annus scholasticus	Schuljahr
hōc annō	dieses Jahr (41 VP)
ante	vor
antequam	bevor
antīquus, *a, um*	alt
ānulus, *ī m.*	Ring
aperīre, *aperiō, aperuī, apertum*	öffnen
apis, *is f.*	Biene
appārēre, *appāreō, appāruī, –*	erscheinen
appellāre	(an)rufen, nennen
appulsus, *ūs m.*	Landung
aprīcārī, *aprīcor, aprīcātus sum*	sich sonnen
Aprīlis, *is, e (adj.)*	April
aptus, *a, um*	geeignet
aqua, *æ f.*	Wasser
Aquīsgrānum, *ī n.*	Aachen
arbor, *árboris f.*	Baum
arca, *æ f.*	Kiste
archæólogus, *ī m.*	Archäologe
architectūra, *æ f.*	Architektur
arcus, *ūs m.*	(Triumph)bogen
ārea, *æ f.*	Fläche
argentum, *ī n.*	Silber

āridus, *a, um*	trocken
armārium, *ī n.*	Schrank
Arpīnum, *ī n.*	Arpinum *(Geburtsort Ciceros)*
Arpīnī	in Arpinum (107)
ars, *artis f.*	Kunst; Beruf (29); Disziplin (49); Handwerk (67); Kunstfertigkeit (86)
ars gymnica hīberna	Wintersport (49)
ars medendī	Heilkunst (67)
ars medicīna	Medizin *(Heilkunst)* (86)
artēs līberālēs	freie Künste (67)
artifex, *icis c.*	Künstler
ascia, *æ f.*	Axt
ásinus, *ī m.*	Esel
asper, *era, erum*	rau
astāre, *astō, astitī, –*	bei etwas stehen
āter, *ātra, ātrum*	schwarz
Athēnæ, *ārum f. (Pl.)*	Athen
āthlēta, *æ c.*	Sportler
ātrāmentārium, *ī n.*	Tintenfass
ātrium, *ī n.*	Eingangshalle
attentus, *a, um*	aufmerksam
attinēre, *attineō, tinuī, tentum*	sich beziehen
attrahere, *áttrahō, trāxī, tractum*	anziehen
auctiō, *ōnis f.*	Versteigerung
audīre, *audiō, audīvī, audītum*	hören
audītus, *ūs m.*	Gehör
Augustus, *a, um (adj.)*	August *(Monat)*
aurāta, *æ f.*	Goldbrasse
aureus, *a, um*	golden
aurifex, *ficis m.*	Goldschmied
aurīga, *æ m.*	Wagenlenker
auris, *is f.*	Ohr
auscultāre	hören
auscultōrium, *ī n.*	Hörgerät
Austríacus, *a*	Österreicher(in)
aut	oder
aut ... aut	entweder ... oder
autem	aber
autumnus, *ī m.*	Herbst
autumnō	im Herbst (26)
auxilium, *ī n.*	Hilfe
avia, *æ f.*	Großmutter
avus, *ī m.*	Großvater
avunculus, *ī m.*	Onkel (*Mutterbruder*)
axungia, *æ f.*	Wagenschmiere

B

baculum, *ī n.*	Stock
balneāris, *is, e*	zum Baden gehörig
balneum, *ī n.*	Bad
barba, *æ f.*	Bart
barbātus, *a, um*	bärtig
basilica, *æ f.*	Basilika *(Säulenhalle)*
bellōsus, *a, um*	aggressiv
bellum, *ī n.*	Krieg
bēlua, *æ f.*	Untier
bēlua marīna	Meeresungeheuer (99)
Bērōlīnum, *ī n.*	Berlin
bēstia, *æ f.*	Tier
bibāx, *ācis (adj.)*	trunksüchtig
bibere, *bibō, bibī, –*	trinken
bīnī, *æ, a*	je zwei
bis	zweimal
blandus, *a, um*	schmeichelnd
bonus, *a, um*	gut
bōs, *bovis c.*	Rind
brācae, *ārum f. (Pl.)*	Hose
bracchium, *ī n.*	Arm
brassica, *æ f.*	Kohl
brevis, *is, e*	kurz
bucculentus, *a, um*	pausbäckig
būtȳrum, *ī n.*	Butter

C

cadere, *cadō, cecidī, –*	fallen

sōl cadit	die Sonne geht unter (87)
Cæcubum, *ī n.*	Cäcuberwein
cælebs, *libis (adj.)*	unverheiratet *(Mann)*
cælum, *ī n.*	Himmel (27, 64, 89, 105); Wetter (63, 64, 90)
cæruleus, *a, um*	blau
Cæsar, *Cǽsaris m.*	Gaius Jūlius Cæsar; *als Titel:* Kaiser
calāmitās, *ātis f.*	Unglück
calamus, *ī m.*	Rohrfeder
calcar, *āris n.*	Sporn
calceus, *ī m.*	Schuh
calefacere, *calefaciō, fēcī, factum*	heizen
calidus, *a, um*	warm
cáliga, *æ f.*	Stiefel
calix, *icis m.*	Kelch
calor, *ōris m.*	Hitze
calva, æ f.	Schädel
calvus, *a, um*	kahl
campestre, *is n.*	kurze Hose
candidus, *a, um*	glänzend weiß
canere, *canō, cecinī, cantum*	singen
tībiā canere	Flöte spielen (73)
canis, *is c.*	Hund
Cantabrīgia, *æ f.*	Cambridge
cantāre	singen
cantharus, *ī m.*	Trinkpokal mit zwei großen Henkeln
cantus, *ūs m.*	Gesang
cānus, *a, um*	grau
capere, *capiō, cēpī, captum*	fangen
capillus, *ī m.*	Haar
capra, *æ f.*	Ziege
capsa, *æ f.*	Buchkasten
caput, *capitis n.*	Kopf
carduus, *ī m.*	Artischocke
cāritās, *ātis f.*	Wertschätzung
carmen, *inis n.*	Gedicht
carnōsus, *a, um*	fleischig
carō, *carnis f.*	Fleisch
carpentum, *ī n.*	Karren
carrūca, *æ f.*	Staatswagen
cāsa, *æ f.*	Hütte
cāseus, *ī m.*	Käse
castanea, *æ f.*	Kastanie
castra, *ōrum n. (Pl.)*	Lager
cāsus, *ūs m.*	Fall
catīnus, *ī m.*	Teller
cavēre, *cáveō, cāvī, cautum*	sich in Acht nehmen
celebrāre	feiern
celebrātiō, *ōnis f.*	Feier
cella, *æ f.*	Kammer
cēna, *æ f.*	Abendessen
cēnāre	zu Abend essen
cēnātiō, *ōnis f.*	Speisezimmer
centēnī, *æ, a*	je hundert
centum	hundert
cēpa, *æ f.*	Zwiebel
cērātus, *a, um*	gewachst
cernere, *cernō, crēvī, crētum*	sichten
certus, *a, um*	gewiß
cervīcal, *ālis n.*	Kissen
cervus, *ī m.*	Hirsch
cessāre	zögern
cēterī, *æ, a*	übrige
charta, *æ f.*	Papier
chiliogramma, *tis n.*	Kilogramm
chīrūrgus, *ī m.*	Chirurg
cibus, *ī m.*	Speise
cingere, *cingō, cīnxī, cīnctum*	gürten
cingulum, *ī n.*	Gürtel
cinis, *eris m.*	Asche
circēnsis, *is, e*	zum Zirkus gehörig
circiter	ungefähr
cirrātus, *a, um*	lockig
cīsōrium, *ī n.*	Schneidemaschine
cista, *æ f.*	Kiste
cīvitās, *ātis f.*	Bürgerschaft

clāmāre	rufen
clāmor, *ōris m.*	Lärm
clārus, *a, um*	hell; berühmt (104)
claudere, *claudō, clausī, clausum*	schließen
claustrum, *ī n.*	Schloss
clāvis, *is f.*	Schlüssel
clāvus, *ī m.*	Nagel
coāctor, *ōris m.*	Eintreiber
cochlea, *æ f.*	Schraube
cochlear, *āris n.*	Löffel (mit spitzem Ende)
cóffea, *æ f.*	Kaffee
cóffeæ sēmen	Kaffeebohne
cognātiō, *ōnis f.*	(Bluts)verwandtschaft
cognōscere, *cognōscō, cognōvī, cógnitum*	kennenlernen; (er)kennen *(Perfekt)*
colligere, *colligō, lēgī, lēctum*	das Gepäck zusammenpacken
collocāre	widmen
collum, *ī n.*	Hals
color, *ōris m.*	Farbe
cŏma, *æ f.*	Haar
comedere, *cómedō, comēdī, comēsum*	essen
cōmis, *is, e*	freundlich
commorārī, *cómmoror, commorātus sum*	verweilen
cōmœdia, *æ f.*	Komödie
compāctus, *a, um*	untersetzt
comparāre	verschaffen
comprehendere, *comprehendō, prehendī, prehēnsum*	ergreifen
comprimere, *cómprimō, pressī, pressum*	zusammendrücken
computātōrium, *ī n.*	Computer
cōnārī, *cōnor, cōnātus sum*	versuchen
cōnātus, *ūs m.*	Versuch
concīdere, *concīdō, cīsī, cīsum*	zerhacken
concubīnus, *ī m.*	Lebensgefährte
concupere, *concupiō, –, –*	erstreben
concursus, *ūs m.*	Zusammenprall
concursus exercítuum	Angriff
cōnficere, *cōnficiō, fēci, fectum*	backen
congelāre	einfrieren
cōnsequī, *cōnsequor, cōnsecūtus sum*	erreichen
cōnservāre	behalten
cōnstāns, *antis (adj.)*	beständig
cōnstare, *constō, stetī, statum*	bestehen aus
cōnstituere, *cōnstituō, stituī, stitūtum*	hinstellen (32); abhalten (98)
cōnstitūtum est	steht (32)
cōnsuēscere, *suēscō, suēvī, suētum*	sich gewöhnen
cōnsul, *sulis m.*	Konsul
contemnere, *contemnō, tempsī, temptum*	verachten
contentus, *a, um*	zufrieden
conterere, *cónterō, trīvī, trītum*	abnutzen (46); zerdrücken (93)
continēre, *contineō, tinuī, tentum*	enthalten
contrā	gegenüber
convenīre, *conveniō, vēnī, ventum*	treffen
coorīrī, *coorior, coortus sum*	losbrechen
cōpula, *æ f.*	Koppel

coquere, *coquō, coxī, coctum*	kochen
coquus, *ī m.*	Koch
cor, *cordis n.*	Herz
corium, *ī n.*	Leder
corpus, *oris n.*	Körper
corruptus, *a, um*	verdorben
cothurnus, *ī m.*	Stiefel
cothurnus nartātōrius	Skistiefel (49)
crās	morgen
crassus, *a, um*	dick
creāre, *creō, creāvī, creātum*	erschaffen
creāre cōnsulēs	Konsuln wählen (41)
crēdere, *crēdō, crēdidī, crēditum*	glauben
crēscere, *crēscō, crēvī, crētus*	steigen, anwachsen
crīmen, *inis n.*	Verbrechen
crumēna, *æ f.*	Geldbeutel
crūs, *crūris n.*	Bein
crūstulum, *ī n.*	Süßigkeit
cubāre, *cubō, cubuī, cubitum*	ruhen (40), liegen (76)
cubiculum, *ī n.*	Schlafzimmer
cubitum, *ī n.*	Ellenbogen; Elle *(Längenmaß)* (99)
cúcumis, *meris m.*	Gurke
cui	dem; wem
cúlcita, *æ f.*	Matratze
culīna, *æ f.*	Küche
culter, *trī m.*	Messer
cultor, *ōris m.*	Fan
cum	während; mit; weil; als; obwohl; wenn
cūnctus, *a, um*	sämtlich
cúpidus, *a, um*	begierig
dominandī cúpidus	herrschsüchtig (56)
cūr	warum
cūra, *æ f.*	Sorge
cūram mittere	die Aufmerksamkeit sinken lassen (92)
cūrāre	sich kümmern
cūria, *æ f.*	Versammlungsgebäude
currus, *ūs m.*	Rennwagen *(zweirädrig)*
cūstōdia, *æ f.*	Wache
cūstōdīre, *cūstōdiō, īvī, ītum*	bewachen

D

damnum, *ī n.*	Schaden
damnum injūriæ	Vermögensschaden durch unrechtmäßige Handlung (108)
damnum pecūniæ	Geldstrafe
dare, *dō, dedī, datum*	geben
aliquid mūtuum dare	etwas verleihen (67)
dătum, *ī n.*	(Ausstellungs)datum
dē	von
decem	zehn
December, *bris, bre (adj.)*	Dezember
deciēs	zehnmal
deciēs centēna mīlia	eine Million
decimus, *a, um*	zehnter, -e, -es
dēclāmāre	laut vortragen
decōrus, *a, um*	anständig
dēcumbere, *dēcumbō, dēcubuī, dēcubitum*	sich hinlegen
decuriō, *ōnis m.*	Dekurio *(militärischer Führer einer Zehnerschaft)*
dēdecōrus, *a, um*	unanständig

dēesse, *dēsum, dēfuī, –*	fehlen
dēferre, *dēferō, dētulī, dēlātum*	anzeigen
dēfōrmis, *is, e*	hässlich
dēgere, *dēgō, –, –*	verbringen
deinde	danach
dēns, *dentis m.*	Zahn
dēnsus, *a, um*	dicht
dēprehendere, *dēprehendo, dēprehendī, dēprehēnsum*	erwischen
dēprehēnsus, *a, um*	ertappt
dēscrībere, *dēscrībo, dēscrīpsi, dēscrīptum*	beschreiben
dēsīderāre	wünschen
dēverrere, *dēverrō, dēverrī, dēversum*	wegkehren
dextrōrsum	nach rechts
dīcere, *dīcō, dīxī, dictum*	sagen
diēs, *diēī m. (f.)*	Tag (Termin)
diēs fēstus	Festtag (12, 110)
diē Lūnæ	am Montag (12)
diēs Lūnæ	Montag (12)
diēs Mārtis	Dienstag (12)
diēs Mercūriī	Mittwoch (12)
diēs Jovis	Donnerstag (12)
diēs Veneris	Freitag (12)
diēs Sāturnī	Samstag (12, 97)
diēs Sōlis	Sonntag (12)
digitus, *ī m.*	Finger
digitābulum, *ī n.*	Fingerhandschuh
dīligenter	gewissenhaft
dīligere, *dī́ligō, dīlēxī, dīlēctum*	lieben
dīmidius, *a, um*	halber, -e, -es
discere, *discō, didicī, –*	lernen
discophōnum, *ī n.*	CD-Spieler
dispār, *dísparis*	ungerade
diurnus, *a, um*	täglich
diūturnus, *a, um*	lange dauernd
dīversē	in verschiedene Richtungen
dōdrāns, *antis m.*	drei Viertel
dolēre, *doleō, doluī, –*	leid tun (16)
doliārium, *ī n.*	Weinkeller
domina, *æ f.*	Herrin
dominãre	beherrschen
dominus, *ī m.*	Herr
domus, *ūs f.*	Haus
domī	zu Hause
domō	von zu Hause
domum	nach Hause
dormīre, *dormiō, dormīvī, dormītum*	schlafen
dubitāre	zweifeln
dubium, *ī n.*	Zweifel
dūcere, *dūcō, dūxī, ductum*	führen
nāvem dūcere	ein Schiff steuern (92)
uxōrem dūcere	heiraten (92)
dulcis, *is, e*	süß
dum	während
duo, *duæ, duo*	zwei
duodecim	zwölf
duodecimus, *a, um*	zwölfter, -e, -es
duodētrīgintā	achtundzwanzig
duodēvīgintī	achtzehn
dūrus, *a, um*	hart

E

ēdictum, *ī n.*	Verordnung
effodēre, *effodiō, effōdī, effossum*	ausgraben
ei	ihm
ēlectricus, *a, um*	elektrisch
ēloquentia, *æ f.*	Redegewandtheit
ēluere, *ḗluō, ḗluī, ēlūtum*	abwaschen
emblēma, *atis n.*	Einlegearbeit
emere, *emō, ēmī, ēmptum*	kaufen

enim	nämlich
ephippium, *ī n.*	Sattel
epistula, *æ f.*	Brief
equester, *tris, tre*	die Reiterei betreffend
equus, *ī m.*	Pferd
ergō	infolgedessen
ēripere, *ēripiō, ēripuī, ēreptum*	wegreißen
ērogāre	ausgeben
errāre	irren
ēsca, *æ f.*	Essen
Ēsquiliæ, *ārum f. (Pl.)*	esquilinischer Hügel, Esquilin
esse, *sum, fuī, –*	sein
est	ist
et	und; auch (86)
etiam	auch; ja (12, 105); noch (83)
etsī	wenn auch
ex	aus
exceptāculum, *ī n.*	(Telefon)hörer
excipere, *excipiō, cēpī, ceptum*	ausnehmen
excitāre	aufwecken
exercēre, *exerceō, cuī, citum*	üben; ausüben (25, 67)
exercēre artem	einen Beruf ausüben (29, 67, 97)
exercitus, *ūs m.*	Heer
exhaurīre, *exhauriō, hausī, haustum*	ausleeren
exhibēre, *exhíbeō, hibuī, hibitum*	zeigen
exīre, *éxeō, exīvī, éxitum*	hinausgehen
bracchium in manum exit	der Arm erstreckt sich bis zur Hand (88)
exīstimātor, *oris m.*	Kritiker
exitus, *ūs m.*	Ausgang
exstinguere, *exstinguō, tīnxī, tīnctus*	(aus)löschen
exsurdāns, *antis*	taub machend
extendere, *extendo, extendī, extentum (tēnsum)*	dehnen
extorsio, *ōnis f.*	Erpressung
extrā	außer

F

faba, *æ f.*	Bohne
faber, *fabrī m.*	Handwerker
faber lignārius	Tischler (5)
fābula, *æ f.*	Geschichte
facere, *faciō, fēcī, factum*	machen, herstellen
castra facere	das Lager aufschlagen (92)
iter facere	eine Reise machen (58)
pecūniās facere	Geld verdienen (67, 92)
facētia, *æ f.*	Witz
faciēs, *iēī f.*	Gesicht
Falernum, *ī n.*	Falernerwein
fallere, *fallō, fefellī, –*	täuschen
falsus, *a, um*	falsch
fāma, *æ f.*	Ruhm; Ruf (109)
famēs, *is f.*	Hunger
fāmiliāris, *is, e*	zur Familie gehörig
farcīmen, *inis n.*	Wurst
farīna, *æ f.*	Mehl
fatīgāre	ermüden
fātum, *ī n.*	Schicksal
favēre, *fáveō, fāvī, fautum*	begünstigen
Februārius, *a, um (adj.)*	Februar
fel, *fellis n.*	Galle
fēlēs, *is f.*	Katze
fēlīx, *īcis (adj.)*	glücklich
fenestra, *æ f.*	Fenster
fēriæ, *ārum f. (Pl.)*	Ferien
ferre, *ferō, tulī, lātum*	tragen; bringen (12, 77); antun (49 VP)

onus ferre	eine Last tragen (92)
suffrāgium ferre	wählen (12, 92)
fēstus, *ī m.*	Fest (71, 82)
fēstus, *a, um*	festlich (12)
fīdus, *a, um*	treu
fierī, *fīō, factus sum*	geschehen
fīgere, *fīgō, fīxī, fīctum*	anheften; einschlagen (80)
fīlia, *æ f.*	Tochter
fīlius, *i m.*	Sohn
fīlum, *ī n.*	Faden
fīnis, *is m.*	Ende
flāre	blasen
flāvus, *a, um*	gelb
flōs, *flōris m.*	Blume
fōcāle, *is n.*	Halstuch
focus, *ī m.*	Herd
fœderātus, *a, um*	verbündet
fœdus, *a, um*	scheußlich
fœtidus, *a, um*	stinkend
folium, *ī n.*	Blatt
forēs, *ium f. (Pl.)*	Tür
forfex, *icis f.*	Schere
forīs	draußen
fōrma, *æ f.*	Form, Gestalt
fōrmōsus, *a, um*	schön
fortāsse	vielleicht
forum, *ī n.*	Marktplatz
forum holitōrium	Gemüsemarkt (70)
forum piscārium	Fischmarkt (70)
fovea, *æ f.*	Falle
frāgum, *ī n.*	Erdbeere
Francofurtēnsis, *is, e*	zu Frankfurt gehörig
Francogallus, *a*	Franzose (Französin)
frangere, *frangō, frēgi, frāctum*	zerbrechen
frīgidārium, *ī n.*	Kühlschrank
frīgidus, *a, um*	kalt
frīgus, *oris n.*	Kälte
frūctus, *ūs m.*	Frucht; Ertrag (92)
frūmentum, *ī n.*	Getreide
frūstulum, *ī n.*	Stückchen
fugere, *fugiō, fūgī, –*	fliehen
fūmāre	rauchen
fūr, *fūris c.*	Dieb
fūrārī, *fūror, fūrātus sum*	stehlen
fuscus, *a, um*	braun
fūstis, *is m.*	Knüppel

G

gallus, *ī m.*	Hahn
garrīre, *garriō, garrīvī, garrītum*	plaudern
garum, *ī n.*	Fischsoße
gaudēre, *gaudeo, gavīsus sum*	sich freuen
genū, *ūs n.*	Knie
gerere, *gerō, gessī, gestum*	tragen
bellum gerere	Krieg führen (87)
sē gerere	sich benehmen (29)
negōtia gerere	Geschäfte betreiben (67)
Germānus, *a*	Deutscher, -e
gestāre	tragen
glaciēs, *iēī f.*	Eis
gladiātor, *ōris m.*	Gladiator
gnārus, *a, um*	kundig
gracilis, *is, e*	dünn
gradus, *ūs m.*	Schritt
grandināre	hageln
grandis, *is, e*	groß
grandō, *grandinis f.*	Hagel
grātiā	wegen
dīs grātiā	den Göttern sei Dank
gravāre	bedrängen
gunna, *æ f.*	Rock
gūstāre	schmecken; genießen (29, 72); kosten, probieren (93)
gūstus, *ūs m.*	Geschmack; Geschmackssinn

gymnicus, *a, um*	zum Sport gehörig

H

habēna, *æ f.*	Zügel
habēre, *habeō, habuī, habitum*	haben
male sē habēre	sich in einem schlechten Zustand befinden
habitāre	wohnen
habitātiō, *ōnis f.*	Wohnung
habitātōrius, *a, um*	zur Wohnung gehörig
hāc	auf diesem Weg
haurīre, *hauriō, hausī, haustum*	aufsammeln
haustrum, *ī n.*	Schöpf- oder Saugmaschine
haustrum pulveris	Staubsauger (52, 80)
herba, *æ f.*	Pflanze
herī	gestern
hesternus, *a, um*	gestrig
heus	holla! *(Ausruf)*
hībernus, *a, um*	winterlich
hīc	hier
hic, *hæc, hoc*	dieser, -e, -es
hiems, *hiemis f.*	Winter
hieme	im Winter
hirundō, *hirundinis f.*	Schwalbe
Hispānus, *a*	Spanier(in)
historia, *æ f.*	Geschichte
historicus, *a, um*	historisch
hodiē	heute
holus, *holeris n.*	Gemüse
homō, *hominis m.*	Mensch
homō movēns	aktiver Mensch (17)
homō sedentārius	passiver Mensch (17)
honestus, *a, um*	ehrenhaft
honor, *honōris m.*	Loblied
hōra, *æ f.*	Stunde
Hōra sexta minuta decima est.	Es ist sechs Uhr und zehn Minuten. (6)
Hōra tertia et dōdrāns est.	Es ist Viertel vor vier. (6)
hōrologium, *ī n.*	Uhr
hortus, *ī m.*	Park
hospitium, *ī n.*	Unterkunft
hūc	hierher
hūmānus, *a, um*	menschlich
humī	auf dem Boden
humilis, *is, e*	niedrig

I

ibī	dort
īdem, *éadem, idem*	derselbe, dieselbe, dasselbe
Īdūs, *Īduum f.*	Iden *(dreizehnter bzw. fünfzehnter Tag eines Monats)*
ignis, *is m.*	Feuer
ille, *illa, illud*	jener, -e, -es
illēgítimus, *a, um*	unrechtmäßig
illitterātus, *a, um*	ungebildet
illūstris, *is, e*	berühmt
imāgō, *imāginis f.*	Bild
imbēcillus, *a, um*	schwach
imber, *imbris m.*	Platzregen
immānis, *is, e*	ungeheuer
immātūrus, *a, um*	unreif
immō vērō	aber nein doch
imparātus, *a, um*	unvorbereitet
impedīmentum, *ī n.*	Hindernis
imperfectum, *ī n.*	Imperfekt
imperium, *ī n.*	Befehl
summum imperium	Oberbefehl (77)
impingere, *impingō, pēgī, pāctum*	gegen etwas schlagen
implēre, *impleō, plēvī, plētum*	füllen; einsetzen (111)
impōnere, *impōnō, posuī, positum*	einpacken

in	in; auf; nach
incendium, *ī n.*	Brand
inceptum, *ī n.*	Beginn
incertus, *a, um*	ungewiß
incidere, *íncidō, íncidī, –*	hineinfallen
incipere, *incipiō, cœpī, inceptum*	beginnen
incolere, *íncolō, coluī, cultum*	bewohnen
incōnstāns, *antis*	unbeständig
index, *icis c.*	Verzeichnis
indicāre	anzeigen
induere, *índuō, índuī, indūtum*	anziehen
togā indūtus esse	mit einer Toga bekleidet sein (28)
industria, *æ f.*	Fleiß
ineptus, *a, um*	untauglich
inesse, *īnsum, īnfuī, –*	darin sein
īnfāns, *antis c.*	kleines Kind
īnfantulus, *ī m.*	Säugling
ingenium, *ī n.*	Verstand
inhabitāre	bewohnen
inimīcus, *a, um*	feindlich gesinnt
initium, *ī n.*	Anfang
injūria, *æ f.*	Unrecht
īnscrībere, *īnscrībō, scrīpsī, scrīptum*	hineinschreiben
īnsistere, *īnsistō, stitī, –*	anhalten
īnsomnia, *æ f.*	Schlaflosigkeit
īnstāre, *īnstō, stetī, –*	nahe bevorstehen
īnsula, *æ f.*	Mietskaserne
īnsulsus, *a, um*	geschmacklos
integer, *gra, grum*	unversehrt; ganz (93)
inter	zwischen; unter (93)
interdīcere, *interdīcō, dīxī, dictum*	untersagen, verbieten
interdum	bisweilen
interesse, *intérsum, intérfuī, –*	teilnehmen
interitus, *ūs m.*	Untergang
interrogāre	befragen
intrāre	eintreten
intrōdūcere, *intrōdūcō, dūxī, ductum*	hineinführen
introīre, *intróeō, iī, itum*	eintreten
intrŏ̈itus, *ūs m.*	Einfahrt
intus	innen
inurbānus, *a, um*	unhöflich
invenīre, *inveniō, vēnī, ventum*	finden
inventiō, *ōnis f.*	Erfindung
invicem	wechselseitig
invītāre	einladen
ipse, *ipsa, ipsum*	(er, sie, es) selbst
īre, *eō, īvī, itum*	gehen
īre ambulātum	spazieren gehen (17)
īre cubitum	Schlafen gehen (40)
īre in somnum	einschlafen (17)
irratiōnālis, *is, e*	unvernünftig
is, ea, id	der, die, das; der-, die-, dasjenige; er, sie, es
ita	so; so sehr (90, 103); ja (45)
Italia, *æ f.*	Italien
Ítalus, *a*	Italiener(in)
iter, *itineris n.*	Reise
iterum	wieder

J

jacēre, *jaciō, jēcī, jactum*	liegen
jam	schon
jānua, *æ f.*	Haustür
Jānuārius, *a, um (adj.)*	Januar
jentāculum, *ī n.*	Frühstück

jubēre, *júbeō, jussī, jussum*	befehlen
jūcundus, *a, um*	angenehm
jūdex, *jūdicis m.*	Richter
Jūlius, *a, um (adj.)*	Juli
Jūnius, *a, um (adj.)*	Juni
Juppiter, *Jovis m.*	Jupiter
jūsculum, *ī n.*	Suppe
juxtā	neben

K

Kaffēnsis, *is, e*	zu Kaffa gehörig
Kalendæ, *ārum f. (Pl.)*	Kalenden *(der erste Tag eines Monats)*

L

lābellum, *ī n.*	Waschbecken
labōrāre	arbeiten
labrum, *ī m.*	Lippe
lac, *lactis n.*	Milch
lacerna, *æ f.*	Regenmantel
lætitia, *æ f.*	Freude
láganum, *ī n.*	Lasagne *(eine Art römischer Schichtkuchen)*
lagœna, *æ f.*	Flasche *(dickbauchig)*
lambere, *lambō, lambī, lambitum*	lutschen
lāmina, *æ f.*	Blech
lampas, *lampadis f.*	Lampe
lāneus, *a, um*	aus Wolle
laniārium, *ī n.*	Fleischbank
laniō, *laniōnis m.*	Fleischer
larārium, *ī n.*	Hausgötterschrein
largus, *a, um*	freigebig
Latīnitās, *ātis f.*	lateinische Sprache
lātrāre	bellen
lātrīna, *æ f.*	Kloake
lātus, *a, um*	breit
laudāre	loben
laureātus, *a, um*	lorbeerbekränzt
lavābrum, *ī n.*	Badewanne
lavāre, *lāvō, lāvī, lautum*	waschen
lavārī, *lavor, lavātus sum*	sich waschen
lectīca, *æ f.*	Sänfte
lectus, *is m.*	Bett; Speisesofa (22)
lectus conjugālis	Ehebett (52)
legere, *legō, lēgī, lēctum*	lesen
ossa legere	Knochen einsammeln (87)
lēgítimus, *a, um*	rechtmäßig
lembus, *ī m.*	Barke
lēns, *lentis f.*	Linse
leō, *leōnis m.*	Löwe
lepus, *leporis m.*	Hase
lēvis, *is, e*	glatt; bartlos (34)
leviter	leicht
lēx, *lēgis f.*	Gesetz
libenter	gern
liber, *librī m.*	Buch
līberālis, *is, e*	frei
līberāre	befreien
libra, *æ f.*	Pfund
licet	es ist erlaubt
licitātiō, *ōnis f.*	Gebot
lignārius, *a, um*	zum Holz gehörig
ligula, *æ f.*	Löffel
linter, *lintris f.*	Kahn
littera, *æ f.*	Buchstabe
litteræ, *ārum f. (Pl.)*	Bildung
litterātus, *a, um*	gebildet
litus, *litoris n.*	Strand
locus, *ī m.*	Ort; Platz (16, 45)
locus nātālis	Geburtsort (8)
Londiniēnsis, *is, e*	zu London gehörig
Londinium, *ī n.*	London
longus, *a, um*	lang
loquāx, *loquācis (adj.)*	geschwätzig
loquī, *loquor, locūtus sum*	sprechen
lucerna, *æ f.*	Leuchte

lūdere, *lūdō, lūsī, lūsum*	spielen
lūdus, *ī m.*	Spiel
lūdī circēnsēs	Zirkusspiele (12)
lūmen, *minis n.*	Leuchte
lūmen ēlectricum	Glühbirne (79)
lūna, *æ f.*	Mond
lupus, *ī m.*	Wolf
lūstrāre	weihen
Lutētia, *æ f.*	Paris
Lūtētiēnsis, *is, e*	pariserisch
lūx, *lūcis f.*	Licht

M

macer, *cra, crum*	mager
māchina, *æ f.*	Maschine
māchina ēlūtōria	Geschirrspüler
māchina lavātōria	Waschmaschine
māchina mixtōria	Mixer
māchinæ ēlectricæ	elektrische Maschinen
madidus, *a, um*	nass
mæniānum, *ī n.*	Balkon
magis	mehr
magister, *strī m.*	Lehrer
lūdī magister	Schullehrer
magistrātus, *ūs m.*	Staatsbeamter; Obrigkeit (110)
magnitūdō, *inis f.*	Größe
magnus, *a, um*	groß
majōrēs, *um m. (Pl.)*	Vorfahren
majus, *a, um*	größer
Majus, *a, um (adj.)*	Mai
male	schlecht
mālle, *mālō, māluī, –*	lieber wollen
malleus, *ī m.*	Hammer
mālum, *ī n.*	Apfel
mālus, *ī f.*	Apfelbaum
malus, *a, um*	schlecht, böse
mammāta, *ōrum n. (Pl.)*	Brause
mandāre	übergeben
manēre, *maneō, mānsī, mānsum*	bleiben
manus, *ūs f.*	Hand
manūtergium, *ī n.*	Handtuch
mappa, *æ f.*	Serviette
mare, *maris n.*	Meer
marīnus, *a, um*	zum Meer gehörig
marítimus, *a, um*	Meer-, See-
marītus, *ī m.*	Ehemann
Mārs, *Mārtis m.*	Mars
marsuppium, *ī n.*	Geldbörse
Mārtius, *a, um (adj.)*	März
māter, *mātris f.*	Mutter
māteria, *æ f.*	Stoff
mātertera, *æ f.*	Tante *(Mutterschwester)*
Matrītēnsis, *is, e*	zu Madrid gehörig
Matrītum, *ī n.*	Madrid
mātrīx, *trīcis f.*	Schraubenmutter
mātūrus, *a, um*	reif
mātūtīnus, *a, um*	morgendlich
maximē	überaus
mē	mich
medērī, *medeor, –*	heilen
medicīna, *æ f. (ars)*	Heilkunst, Medizin (25, 86)
medicus, *ī m.*	Arzt
mediŏcriter	mäßig
Mediōlānum, *ī n.*	Mailand
Mediōlānī	in Mailand
medius, *a, um*	mittlerer, -e, -es
mediā in viā	mitten auf der Straße
mel, *mellis n.*	Honig
membrum, *ī n.*	Glied
memoria, *æ f.*	Erinnerung (71); Gedächtnis (111)
memoriter	auswendig
mēnsa, *æ f.*	Tisch
mēnsis, *is m.*	Monat
mephītis, *is f.*	Stinktier
mercēs, *ēdis f.*	Lohn
Mercūrius, *ī m.*	Merkur
merērī, *méreor, méritus sum*	verdienen

merīdiēs, *iēī m.*	Mittag(szeit)
meritō	zu Recht
merum, *ī n.*	unvermischter Wein
merx, *mercis f.*	Ware
metere, *metō, messuī, messum*	schneiden
mētīrī, *mētior, mēnsus sum*	messen
meus, *a, um*	meiner, -e, -es
mihī	mir
mīlia *(Pl.)*	tausend(e)
mīliēs	tausendmal
mīlitāris, *is, e*	den Krieg betreffend
mīlle	tausend
minārī, *minor, minātus sum*	drohen
minimē	keineswegs
minimus, *a, um*	niedrigster, -e, -es
minister, *strī m.*	Diener
minor	geringer
minūta, *æ f.*	Minute
mīrārī, *mīror, mīrātus sum*	sich wundern
mīrus, *a, um*	wunderbar
missa, *æ f.*	Messe
mittere, *mittō, mīsī, missum*	schicken
cūram mittere	die Aufmerksamkeit sinken lassen (92)
epistulam mittere	einen Brief schicken (92)
modus, *ī m.*	Maß
mœnia, *ium n. (Pl.)*	Stadtmauer
mola, *æ f.*	Mühlstein
mōlīrī, *mōlior, mōlītus sum*	unternehmen
mollis, *is, e*	weich
Monacēnsis, *is, e*	münchnerisch
monachus, *ī m.*	Mönch
Monasterium, *ī n.*	Münster
monēre, *eō, uī, itum*	ermahnen
monīle, *is n.*	Halsband
mōns, *montis m.*	Berg
morī, *morior, mortuus sum*	sterben
mors, *mortis f.*	Tod
movēre, *moveō, mōvī, mōtum*	bewegen
animum movēre	den Geist bewegen (92)
caput movēre	den Kopf bewegen (92)
mulcēre, *mulceō, mulsī, mulsum*	streicheln
mulier, *mulíeris m.*	Frau
mullus, *ī m.*	Barbe
mulsum, *ī n.*	Honigwein
multiplex, *plicis*	vielfältig
multum	viel
multus, *a, um*	viel
ad multum diem	bis zum Abend (84)
mūlus, *ī m.*	Maultier
mūs, *mūris m.*	Maus
musca, *æ f.*	Fliege
mūsēum, *ī n.*	Studierzimmer
mūsica, *æ f.*	Musik
mūtāre	vertauschen
mūtātiō, *ōnis f.*	Veränderung
mystērium, *ī n.*	Geheimnis

N

nam	denn
narrāre	erzählen
narta, *æ f.*	Ski
nartāre	Ski fahren
nartātōrius	zum Skifahren gehörig
nāsus, *ī m.*	Nase
nātālis, *is, e*	zur Geburt gehörig; Geburtstag
diēs nātālis	Geburtstag (8, 43)
Chrīstī nātālis, *is m.*	Weihnachten
natātiō, *ōnis f.*	Schwimmen
nātiō, *ōnis f.*	Nation

nātūra, *æ f.*	Natur
nātus, *a, um*	geboren
vīgintī annōs nātus esse	zwanzig Jahre alt sein (76)
nauarchus, *ī m.*	Kapitän
naufrāgium, *ī n.*	Schiffbruch
nausea, *æ f.*	Langeweile
nāvis, *is f.*	Schiff
nē	dass nicht
ne	*(angehängte Fragepartikel)*
nebula, *æ f.*	Nebel
nebulōsus, *a, um*	neblig
nec ... nec	weder ... noch
necesse	notwendig
neglegēns, *entis*	unachtsam
negligenter	nachlässig
negōtium, *ī n.*	Geschäft
nēmō, *nēminis c.*	niemand
nemus, *nemoris n.*	Hain
nepōs, *nepōtis m.*	Enkel
neptis, *is f.*	Enkelin
nervus, *ī m.*	Sehne
nescīre, *nesciō, scīvī, scītum*	nicht wissen
neuter, *tra, trum*	keiner *(von beiden)*
niger, *gra, grum*	glänzend schwarz; dunkel (34)
nihil	nichts
nihil nisi	nur
nimis, *is, e*	allzu
ningere, *ningo, ninxī, –*	schneien
nisi	wenn nicht
nītī, *nītor, nīsus sum*	sich stützen auf
niveus, *a, um*	schneeweiß
nix, *nivis f.*	Schnee
nōbilis, *is, e*	edel
nōbīs	uns
noctū	nachts
noctūrnus, *a, um*	nächtlich
nōlle, *nōlō, nōluī, –*	nicht wollen
nōmen, *inis n.*	Name
nōmināre	nennen
nōn	nicht; nein (12)
nōngentēsimus, *a, um*	neunzigster, -e, -es
nōngentī, *æ, a*	neunhundert
nōnne	nicht? *(Fragepartikel)*
nōnnumquam	manchmal
noster, *tra, trum*	unserer, -e, -es
nōtus, *a, um*	bekannt
novem	neun
November, *bris, bre (adj.)*	November
nox, *noctis f.*	Nacht
nūbēs, *is f.*	Wolke
nūbilis, *is, e*	heiratsfähig *(Frau)*
nūbilus, *a, um*	bewölkt
nūgæ, *ārum f. (Pl.)*	Dummheiten
nūllus, *a, um*	keiner, -e, -es
num	etwa *(Fragepartikel)*; ob (83, 84)
nūmen, *inis n.*	Gottheit
numerāre	zählen
numerus, *ī m.*	Zahl; Nummer (23); Anzahl (107)
numerus tēlephōnicus	Telefonnummer (23)
nummus, *ī m.*	Geldstück, Münze
nummī, *ōrum m. (Pl.)*	Geld (81, 87)
numquam	niemals
nunc	jetzt
nū́ndinæ, *ārum f. (Pl.)*	Markttag
nūper	neulich

O

ob	wegen
objicere, *objiciō, jēcī, jectum*	entgegenwerfen
objicere forēs	die Tür zuschlagen (46)
obligāre	anbinden
oblīvīscī, *oblīvīscor, oblītus sum*	vergessen
obsecrāre	anflehen
obsōnium, *ī n.*	Lebensmittel

occlūdere, *occlūdō, clūsī, clūsum*	verschließen
octāvus, *a, um*	achter, -e, -es
octingentī, *æ, a*	achthundert
octō	acht
Octōber, *bris, bre (adj.)*	Oktober
oculus, *ī m.*	Auge
ōdisse, *ōdī*	hassen
odium, *ī n.*	Widerwille
odiō esse alicui	jmd. lästig sein (29)
odor, *ōris m.*	Geruch
odōrārī	riechen
officīna, *æ f.*	Werkstatt (7); Büro (84)
olēre, *oleō, oluī, –*	stinken
olfactus, *ūs m.*	Geruchssinn
ōlla, *æ f.*	Topf
ōmen, *inis n.*	Omen, Vorzeichen
omnīnō	überhaupt
omnis, *is, e*	ganzer, -e, -es; alle
onus, *eris n.*	Last
opera, *æ f.*	Mühe
operam dare	sich Mühe geben
operārī	arbeiten
operārius, *ī m.*	Arbeiter
operculum, *ī n.*	Deckel
oportet	es ist nötig
oppidum, *ī n.*	Stadt
oppositus, *a, um*	entgegengesetzt
optimē	bestens
optimus, *a, um*	bester, -e, -es
opus, *operis n.*	Werk; Arbeit
opus est	es ist nötig (20)
ōrātiō, *ōnis f.*	Rede
ōrātor, *ōris m.*	Redner
orbis, *is m.*	Kreis
orbis terrārum	Welt
ordō, *inis m.*	Reihenfolge
oriēns, *entis m.*	Osten
orīrī, *órior, ortus sum*	entstehen
ōrnāre	schmücken
ortus, *ūs m.*	Aufgang
ōs, *ōris n.*	Mund
os, *ossis n.*	Knochen
ōscitāre	gähnen
ōvātus, *a, um*	oval
ovīlla, *æ f.*	Schaffleisch
ovis, *is f.*	Schaf
ōvum, *ī n.*	Ei
Oxōnium, *ī n.*	Oxford
oxygala, *æ f.*	Buttermilch

P

pabō, *ōnis f.*	Schubkarren
pælex, *icis f.*	Geliebte
pænula, *æ f.*	Reisemantel
palæstra, *æ f.*	Sportplatz, Sporthalle
palla, *æ f.*	Damenmantel
pallidus, *a, um*	blass
pallium, *ī n.*	Mantel
palpāre	tasten
palūdāmentum, *ī n.*	Feldherrnmantel
pānis, *is m.*	Brot
pantomīmus, *ī m.*	Pantomime
pār, *paris*	gerade
parātus, *a, um*	vorbereitet
parentēs, *parentum m. (Pl.)*	Eltern
parere, *pariō, peperī, partum*	gebären
páriēs, *paríetis m.*	Wand
pars, *partis f.*	Teil; Partei (86); Rolle (102)
participium, *ī n.*	Partizip
particula, *æ f.*	Teilchen
parvus, *a, um*	klein
pascha, *paschātis n.*	Ostern
passer, *eris m.*	Spatz
passus, *ūs m.*	(Doppel)schritt
pāstor, *ōris m.*	Hirte
pater, *patris m.*	Vater
patientia, *æ f.*	Geduld
pátina, *æ f.*	Schüssel *(klein)*
patrāre	vollbringen

patruus, *ī m.*	Onkel *(Vaterbruder)*
paulum	ein wenig
paululum	ein klein wenig
pausa, *æ f.*	Pause
pavīmentum, *ī n.*	Fußboden
pecten, *inis m.*	Kamm
pecūnia, *æ f.*	Geld
pecūniæ familiārēs	Privatvermögen
pecūniārius, *a, um*	zum Geld gehörig
pedifollium, *ī n.*	Fußball
pellis, *is f.*	Fell
pēnsum, *ī n.*	Aufgabe
percurrere, *percurrō, percurrī, percursum*	überfliegen
perdere, *perdō, didī, ditum*	ruinieren
perfectum, *ī n.*	Perfekt
pergere, *pergō, perrēxī, perrēctum*	weitergehen
perīculum, *ī n.*	Gefahr
perīculum superāre	eine Prüfung bestehen (84)
subīre perīculum	eine Prüfung haben (12)
perinde	ebenso
perītus, *a, um*	erfahren
permultus, *a, um*	sehr viel
perna, *æ f.*	Schinken
perspicillum, *ī n.*	Brille
pervulgāre	bekannt machen
pēs, *pedis m.*	Fuß
pēs quadrātus	Quadratfuß *(Flächenmaß)*
petasus, *ī m.*	Hut
petere, *petō, petīvī, petītum*	erstreben; hingehen (72, 84); bitten um (103)
peto Bērōlīnum	ich reise nach Berlin (58)
philósophus, *ī m.*	Philosoph
piger, *gra, grum*	faul

pila, *æ f.*	Ball
pīlentum, *ī n.*	Kutsche
pilōsus, *a, um*	behaart
pingere, *pingō, pīnxī, pictum*	malen
pinguis, *is, e*	dick
pinna, *æ f.*	Flosse
pīrāta, *æ f.*	Seeräuber
pirum, *ī n.*	Birne
piscātor, *ōris m.*	Fischer
piscātus, *ūs m.*	Fang
piscis, *is m.*	Fisch
pīstor, *ōris m.*	Bäcker
pīstrīnum, *ī n.*	Bäckerei
placenta, *æ f.*	Kuchen
placēre, *placeō, placuī, placitum*	gefallen
placidus, *a, um*	sanft (55); gemütlich (72)
planta, *æ f.*	Pflanze
plaudere, *plaudō, plausī, plausum*	Beifall klatschen
plaustrum, *ī n.*	Lastwagen
plēnus, *a, um*	voll
plōrāre	weinen
pluere, *pluō, pluī, –*	regnen
plūrimum	hauptsächlich
plūs	mehr
pluvia, *æ f.*	Regen
pōculum, *ī n.*	Becher
pœna, *æ f.*	Strafe
pœna pecūniāria	Geldstrafe
poēta, *æ m.*	Dichter
pollēns, *entis (adj.)*	mächtig
pollex, *icis* m.	Daumen
pollis, *inis m. f.*	Mehl
pōmum, *ī n.*	Obst
pondus, *eris n.*	Gewicht
pōnere, *pōnō, posuī, positum*	stellen; legen (90)
porcus, *ī m.*	Schwein
porrigere, *pórrigō, rēxī, rēctum*	ausstrecken
porrō	vorwärts
porta, *æ f.*	Tür, Tor
portōrium, *ī n.*	Zollabgabe

portus, *ūs m.*	Hafen
pōscere, *pōscō, popōscī, –*	fordern
posse, *possum, potuī, –*	können
post	nach
postquam	nachdem
potestās, *ātis f.*	Macht
pōtiō, *ōnis f.*	Getränk
pōtiuncula, *æ f.*	Tränkchen
potius	lieber
pōtus, *ūs m.*	Trank
præbēre, *præbeō, buī, bitum*	bieten
sē præbēre	sich erweisen als (102)
præceptor, *ōris m.*	Lehrer
præcipitāre	hinausstürzen
præclārus, *a, um*	hochberühmt
præcō, *ōnis m.*	Ausrufer
prædō, *ōnis m.*	Räuber
prædictiō, *ōnis f.*	Vorhersage
præfectus, *ī m.*	Vorgesetzter
prælēctiō, *ōnis f.*	Vorlesung
prænōmen, *inis n.*	Vorname
præsēns, *entis*	gegenwärtig
præsertim	besonders
præteritus, *a, um*	vergangen
prætorium, *ī n.*	kaiserliche Leibwache
prāndēre, *prāndeō, prānsī, prānsum*	Mittag essen
prānsum īre	zum Mittagessen gehen (101)
pretium	Preis
pretium redēmptiōnis	Lösegeld (100)
prex, *precis f.*	Gebet
prīmus, *a, um*	erster, -e, -es; zuerst (93)
pristis, *is f.*	Haifisch
prō	für
proavia, *æ f.*	Urgroßmutter
proavus, *ī m.*	Urgroßvater

prōcēdere, *prōcēdō, cessī, cessum*	vorangehen
procella, *æ f.*	Sturm
procella equestris	Reiterangriff (78)
prōcērus, *a, um*	hochgewachsen
prōcūrāre	besorgen
prōferre, *prōferō, tulī, lātum*	hervorbringen
professiō, *ōnis f.*	Beruf
prohibēre, *prohibeō, hibuī, hibitum*	verbieten
pronepōs, *ōtis m.*	Urenkel
prōnōmen, *prōnōminis n.*	Pronomen
prōnūntiāre	hersagen
prōnūntiātiō, *ōnis f.*	Aussprache
prope	nahe
propinquus, *a, um*	nahe
proptereā	deswegen
proprius, *a, um*	eigen
prosperus, *a, um*	glücklich
prōverbium, *ī n.*	Sprichwort
prūdēns, *entis*	klug
psíttacus, *ī m.*	Papagei
psíttacus eríthacus	Graupapagei
pūblicus, *a, um*	öffentlich
puella, *æ f.*	Mädchen
puer, *puerī m.*	Junge; Kind (106)
pugillārēs, *ium m. (Pl.)*	Notizbuch
pugna, *æ f.*	Schlacht
pugna Actíaca	Schlacht von Actium (38)
pugnāre	kämpfen
pulcher, *chra, chrum*	schön
pullus, *ī m.*	Hühnchen
puls, *pultis f.*	Brei
pulver, *eris n.*	Staub
putāre	meinen
puter, *tris, tre*	verwest
putus, *a, um*	geputzt

Q

quadrāgēsimus, *a, um*	vierzigster, -e, -es
quadrāgintā	vierzig
quadrāns, *antis m.*	Viertel
quadrātus, *a, um*	viereckig
quadringentī, *æ, a*	vierhundert
quadrum, *ī n.*	Quadrat
quadrum vīsíficum	Bildschirm (79)
quærere, *quærō, quæsīvī, quæsītum*	suchen; fragen (105)
quæsō	bitte
quālis, *is, e*	was für einer, -e, -es; wie beschaffen (76)
quam	als (17 VP, 34); wie (54, 89)
quam pulcherrimum	wie schön (89)
quandō	wann
quantus, *a, um*	wie groß
quārtus, *a, um*	vierter, -e, -es
quasi	als ob
quaternī, *æ, a*	je vier
quattuor	vier
quattuordecim	vierzehn
que	und *(angehängt)*
queribundus, *a, um*	zum Klagen geneigt
quī, *quæ, quod*	welcher, -e, -es; der, die, das
quia	weil
quid	was
quīdam, *quædam, quoddam*	ein gewisser
quidem	zwar
quiēs, *iētis f.*	Ruhe
quīndecim	fünfzehn
quīngentī, *æ, a*	fünfhundert
quīnque	fünf
quīntus, *a, um*	fünfter, -e, -es
quis, *quid*	wer, was
quisquam, *quæquam, quidquam (quicquam)*	irgendeiner, -e, -es
quisque, *quidque*	jeder, jedes
quisque, *quæque, quodque (adj.)*	jeder, jede, jedes
quō	wohin
quōmodo	wie
quondam	einst
quot	wie viele
quotannīs	jährlich
quotquot	wie viel auch immer

R

rādīx, *īcis f.*	Wurzel
ræda, *æ f.*	(Reise)wagen
rædārius, *ī m.*	Kutscher (62); Fahrer (101)
rāmentum, *ī n.*	Stückchen
rāmentum sulphurātum	Streichholz
rāna, *æ f.*	Frosch
rapere, *rapiō, rapuī, raptum*	rauben
raptus, *ūs m.*	Entführung
ratiōnālis, *is, e*	vernünftig
recēns, *entis (adj.)*	frisch
recitāre	vortragen
reddere, *reddō, reddidī, rédditum*	zurückgeben; machen (109)
frūctum reddere	Ertrag abwerfen (92)
animum attentum reddere	den Geist in einen aufmerksamen Zustand versetzen (93)
redēmptiō, *ōnis f.*	Freilassung
redimere, *rédimō, ēmī, ēmptum*	freikaufen
redīre, *rédeō, redīvī, reditum*	zurückkehren
referre, *réferō, réttulī, relātum*	zurückbringen

reflectere, *reflectō, flexī, flexum*	zurückbeugen
regere, *regō, rēxī, rēctum*	regieren
regiō, *ōnis f.*	Gegend
rēgula, *æ f.*	Regel
rejicere, *rejiciō, rejēcī, rejectum*	zurückwerfen
relaxāre	entspannen
remanēre, *remaneō, mānsī, mānsum*	bleiben (17); übrig bleiben (72)
remōtus, *a, um*	entfernt
rēmus, *ī m.*	Ruder
repentīnus, *a, um*	plötzlich
rēpere, *rēpō, rēpsī, rēptum*	kriechen
reperīre, *reperiō, repperī, repertum*	finden
repudiāta, *æ f.*	geschiedene Frau
rēs, *reī f.*	Sache
rērum nātūra	die Natur der Welt (77)
rēs rūstica	Landwirtschaft (101)
resecāre, *résecō, resecuī, resectum*	abschneiden
reserāre	aufschließen
retrō	rückwärts
reus, *ī m.*	Angeklager
rēx, *rēgis m.*	König
rīdēre, *rīdeō, rīsī, rīsum*	lachen
rīdiculus, *a, um*	lächerlich; komisch (90)
rīsus, *ūs m.*	Lachen
rogāre	fragen
Rōma, *æ f.*	Rom
Rōmæ	in Rom
Rōmānus, *a, um*	römisch
rosa, *æ f.*	Rose
rōstra, *ōrum n. (Pl.)*	Rednerbühne *(in Form eines Schiffsschnabels)*
rōstrum, *ī n.*	Schnabel
rota, *æ f.*	Rad
rotundus, *a, um*	rund
ruber, *bra, brum*	rot
rudis, *is f.*	Stab
rude dōnātus	Rentner
rūsticus, *a, um*	ländlich, zum Land gehörig

S

saccus, *ī m.*	Sack
sacerdōs, *ōtis m.*	Priester
sacerdōtium, *ī n.*	Priestertum
sacrāmentum, *ī n.*	Weihe
sæculum, *ī n.*	Jahrhundert
sæpe	oft
sal, *salis m.*	Salz
salīnum, *ī n.*	Salzgefäß
salūs, *ūtis f.*	Heil
sānāre	heilen
sanguis, *sanguinis m.*	Blut
sapere, *sapiō, sapīvī, –*	schmecken
nihil sapit	es schmeckt nach nichts (89)
sapor, *ōris m.*	Geschmack
sárcina, *æ f.*	Gepäckstück
Sāturnus, *ī m.*	Saturn
Sāturnālia, *iōrum n.*	Saturnusfest
saxum, *ī n.*	Fels
scālæ, *ārum f. (Pl.)*	Treppe
scapha, *æ f.*	Boot
schola, *æ f.*	Schule
scholasticus, *a, um*	zur Schule gehörig
scīre, *sciō, scīvī, scītum*	wissen
scōpæ, *ārum f.*	Besen
scrība, *æ f.*	Schreiber
scrībere, *scrībō, scrīpsī, scrīptum*	schreiben
scrīptum, *ī n.*	Schriftstück
scrobis, *is m. f.*	Grube
scyphus, *ī m.*	Weinbecher mit kleinen Henkeln
sē	sich
secundus, *a, um*	zweiter, -e, -es

sed	aber
sēdecim	sechzehn
sedentārius, *a, um*	sitzend
sedēre, *sedeō, sessī, sessum*	sitzen
sēdēs, *is f.*	Stuhl
sēgnis, *is, e*	träge
sēligere, *sḗligō, lēgī, lēctum*	auswählen
sella, *æ f.*	Stuhl
sēmen, *inis n.*	Samen
semper	immer, stets
senātor, *ōris m.*	Senator
senēscere, *senēscō, senuī, –*	alt werden
senex, *is c.*	Greis
sententia, *æ f.*	Satz
sentīre, *sentiō, sēnsī, sēnsum*	spüren
septem	sieben
September, *bris, bre (adj.)*	September
septendecim	siebzehn
septentriō, *ōnis m.*	Norden
septentriōnālis, *is, e*	nördlich
septuāgēnārius, *a, um*	siebzigjährig
serēnus, *a, um*	heiter
serere, *serō, seruī, sertum*	verknüpfen
serere, *serō, sēvī, satum*	säen, pflanzen
sērius	verspätet
sērō	spät
serpēns, *entis c.*	Schlange
servus, *ī m.*	Sklave
sēstertius, *ī m.*	Sesterz *(römische Münze)*
sex	sechs
sexāgintā	sechzig
sextus, *a, um*	sechster, -e, -es
sexus, *ūs m.*	Geschlecht
sī	wenn
sibī	sich
sībilāre	pfeifen
siccāre	trocknen
sīcut	wie
sigarellum, *ī n.*	Zigarette
signum, *ī n.*	Zeichen
signum mīlitāre	Feldzeichen
silva, *æ f.*	Wald
similis, *is, e*	ähnlich
simulāre	vortäuschen
sīmus, *a, um*	plattnasig
sine	ohne
singulus, *a, um*	einzelner, -e, -es
sinistrōrsum	nach links
siser, *siseris n.*	Erbse
sistere, *sistō, stetī, statum*	abstellen
sitīre, *sitiō, sīvī, sītum*	dürsten
sitis, *is f.*	Durst
situs, *a, um*	gelegen
sociābilis, *is, e*	gesellig
sōl, *sōlis m.*	Sonne
sōlāris, *is, e*	zur Sonne gehörig
solea, *æ f.*	Sandale
solēre, *sóleō, solitus sum*	gewohnt sein
sōlum	allein
solvere, *solvō, solvī, solūtum*	lösen
ancoram solvere	den Anker lichten (87)
epistulam solvere	einen Brief öffnen (87)
nāvem solvere	absegeln (87)
pretium solvere	den Preis bezahlen (100)
æs aliēnum solvere	Schulden bezahlen (87)
somnus, *ī m.*	Schlaf
sonus, *ī m.*	Klang
sorbillāre	schlürfen
sordēs, *is f.*	Müll
soror, *ōris f.*	Schwester
sors, *sortis f.*	Schicksal
spectāculum, *ī n.*	Schaupsiel
spectāre	(an)schauen
speculātor, *ōris m.*	Spion

spēlunca, *æ f.*	Höhle
spēs, *speī f.*	Hoffnung
splendēre, *splendeō, splenduī, –*	strahlen
sponda, *æ f.*	Sofa
spongia, *æ f.*	Schwamm
spōnsa, *æ f.*	Verlobte
spōnsiō, *ōnis f.*	Wette
stāre, *stō, stetī, statum*	stehen
statim	sogleich
statūra, *æ f.*	Gestalt
staturere, *statuō, statuī, statūtum*	festsetzen
stilus, *ī m.*	Schreibstift
stola, *æ f.*	Stola
strēnuus, *a, um*	tüchtig
strepitus, *ūs m.*	Lärm
studēre, *studeō, studuī, –*	studieren
studiōsus, *a, um*	eifrig
studium, *ī n.*	Bestrebung
studiōrum ūniversitās	Universität
stultus, *a, um*	dumm
suāvis, *e*	süß, lieblich
sub	unter
subīre, *súbeō, subīvī, subitum*	sich unterziehen
subitō	plötzlich
súbligar, *āris n.*	Unterhose
súbsequi, *súbsequor, secūtus sum*	auf dem Fuße folgen
sūcus, *ī m.*	Saft
sūdātus, *a, um*	verschwitzt
suere, *suō, suī, sūtum*	nähen
sufflāmen, *inis n.*	Bremse
suffrāgium, *ī n.*	Wahlstimme
suīlla, *æ f.*	Schweinefleisch
sulphurātus, *a, um*	schwefelhaltig
sūmere, *sūmō, sūmpsī, sūmptum*	zu sich nehmen
summus, *a, um*	höchster, -e, -es
super	über; auf (22)
superāre	überwinden (84); übertreffen (107)
supercilium, *ī n.*	Augenbraue
superesse, *supérsum, supérfuī, –*	übrig sein
superlātīvus, *ī m.*	Superlativ
surdaster, *tra, trum*	schwerhörig
surgere, *surgō, surrēxī, surrēctum*	aufstehen (40); aufsteigen (64)
surripere, *surripiō, ripuī, reptum*	entwenden
suus, *a, um*	seiner, -e, -es
synœcium, *ī n.*	Wohnzimmer
sýnthesis, *is f.*	Anzug
sýnthesis ūrīnātōria	Tauchanzug (49)

T

taberna, *æ f.*	Laden
taberna pōmāria	Obstladen (70)
taberna sūtrīna	Flickschusterei (70)
taberna vīnāria	Weinhandlung (70)
tablīnum, *ī n.*	Vorbau
tabula, *æ f.*	Tafel
tabula cērāta	Schreibtäfelchen (1)
tabulātum, *ī n.*	Stockwerk
taciturnus, *a, um*	schweigsam
tāctus, *ūs m.*	Tastsinn
tædium, *ī n.*	Ekel
tæter, *tra, trum*	übel
talpa, *æ f.*	Maulwurf
tālus, *ī m.*	(Knochen)würfel
tam	so
tamen	aber
tangere, *tangō, tetigī, tāctum*	berühren
tantum	nur
tantus, *a, um*	so groß
tapēte, *is n.*	Teppich
tēctum, *ī n.*	Dach

tēlephōnicus, *a, um*	telefonisch
tēlephōnum, *ī n.*	Telefon
tēlevīsōrium, *ī n.*	Fernsehgerät
tempestās, *ātis f.*	Witterung (64); Unwetter (30, 64)
templum, *ī n.*	Tempel
tempus, *oris n.*	Zeit
tenāx, *ācis (adj.)*	hartnäckig
tener, *era, erum*	zart
tenēre, *teneō, tenuī, tentum*	halten
cultrum tenēre	ein Messer besitzen (92)
rīsum tenēre	das Lachen zurückhalten (92)
tenuis, *is, e*	fein (36); dünn (33, 55)
ter	dreimal
terra, *æ f.*	Erde
tertius, *a, um*	dritter, -e, -es
textum, *ī n.*	Gewebe
theātrum, *ī n.*	Theater
thēsaurus, *ī m.*	Schatz
thōrāx, *ācis m.*	Brustbekleidung
thōrāx lāneus	Pullover
tibī	dir
tībia, *æ f.*	Flöte
tibiālia, *ium n. (Pl.)*	Strumpf
tībīcen, *inis m.*	Flötenspieler
timēre, *timeō, timuī, –*	fürchten
timor, *ōris m.*	Furcht
tinnīre, *tinniō, tinnīvī, tinnītum*	klingeln
tintinnābulum, *ī n.*	Klingel
tīrō, *ōnis m.*	Lehrling
titulus, *ī m.*	Inschrift; Überschrift (105)
toga, *æ f.*	Toga
tolerāre	ertragen
tonāre, *tonō, tonuī, –*	donnern
tonitrus, *ūs m.*	Donner
tonus, *ī m.*	Ton
tostus, *a, um*	geröstet
tōtus, *a, um*	ganz
tractāre	behandeln
trādere, *trādō, trādidī, trāditum*	übergeben
traha, *æ f.*	Schlitten
trānquillus, *a, um*	ruhig
trānsīre, *trānseō, iī, itum*	durchgehen
trānsgredī, *trānsgrediōr, trānsgressus sum*	durchqueren
trānsitus, *ūs m.*	Durchgang
trānslūcidus, *a, um*	durchsichtig
trecentī, *æ, a*	dreihundert
tredecim	dreizehn
trēs, *trēs, tria*	drei
trīcēsimus, *a, um*	dreißigster, -e, -es
triclīnium, *ī n.*	Eßzimmer
trīgintā	dreißig
tū	du
tūberōsus, *a ,um*	bucklig
tubus, *ī m.*	Röhre
tumultus, *ī m.*	Getümmel
tunc	dann
tunica, *æ f.*	Tunika
turgidus, *a, um*	geschwollen
tūte	du *(verstärkt)*
tuus, *a, um*	deiner, -e, -es
tyrannus, *ī m.*	Tyrann

U

ubī	wo
ubīque	überall
ultrā	weiter
umbella, *æ f.*	(Sonnen)schirm
umbra, *æ f.*	Schatten
umerus, *ī m.*	Schulter
unde	woher
ūndecim	elf
ūndecimus, *a, um*	elfter, -e, -es
ūndēvīgintī	neunzehn
unguentum, *ī n.*	Salbe
unguentum sōlāre	Sonnencreme (49)

unguis, *is m.*	Klaue
ūnus, *a, um*	einer, -e, -es
ūnusquisque	ein jeder
urbānus, *a, um*	höflich
urbs, *urbis f.*	Stadt
urceus, *ī m.*	Krug *(langhalsig)*
ūrīnātor, *ōris m.*	Taucher
ūrīnātōrius, *a, um*	zum Tauchen gehörig
ursus, *ī m.*	Bär
usque	bis zu
ūsus, *ūs m.*	Brauch (93); Gebrauch (110)
ut	dass; wie (84)
uterque	jeder von beiden
ūtī, *ūtor, ūsus sum*	gebrauchen
ūva, *æ f.*	Weintraube
uxor, *ōris f.*	Ehefrau

V

vacca, *æ f.*	Kuh
vacuēfacere, *vacuēfaciō, fēci, factum*	leeren
valdē	sehr
valē	leb wohl
valēre, *valeō, valuī, –*	in Kraft sein (93)
valgus, *a, um*	säbelbeinig
validus, *a, um*	gültig (8); kräftig (55)
vānus, *a, um*	eitel
varius, *a, um*	verschieden
vehemēns, *entis (adj.)*	impulsiv
vehī, *vehor, vectus sum*	fahren
currū vehī	mit dem Wagen fahren (17)
vehiculum, *ī n.*	Fahrzeug
vel	oder
vel ... vel	entweder ... oder
velle, *volō, voluī, –*	wollen
vēlum, *ī n.*	Segel
vēnārī, *vēnor, vēnātus sum*	jagen
vēnātor, *ōris m.*	Jäger
vēndere, *vēndo, didī, ditum*	verkaufen
vēnditor, *ōris m.*	Verkäufer
Venētiānus, *a ,um*	venezianisch
vēnīre, *vēneō, vēnīvī, –*	verkauft werden
venīre, *veniō, vēnī, ventum*	kommen
venter, *tris m.*	Bauch
ventus, *ūs m.*	Wind
Venus, *Veneris f.*	Venus
vēr, *vēris n.*	Frühling
vēre	im Frühling
verberāre	prügeln
verbum, *ī n.*	Wort; Zeitwort (85)
verēdus, *ī m.*	Postpferd
vērō	aber
vērus, *a, um*	wahr
versus	nach ... hin
vesperī	am Abend
vestibulum, *ī n.*	Vorhof
vestīmentum, *ī n.*	Kleidungsstück
vestis, *is f.*	Kleid
vestis balneāris	Badeanzug (45)
vetāre, *vetō, vetuī, vetitum*	verbieten
vetus, *veteris (adj.)*	alt
via, *æ f.*	Straße
vīciēs	zwanzig Mal
vīcīnus, *ī m.*	Nachbar
victor, *ōris m.*	Sieger
victōria, *æ f.*	Sieg
vidēre, *videō, vīdī, vīsum*	sehen
vidērī, *videor, vīsus sum*	scheinen
vidua, *æ f.*	Witwe
viduus, *ī m.*	Witwer
vigēre, *eō, uī, –*	frisch und kräftig sein
vigil, *ilis m.*	Wächter
vigil pūblicus	Polizist
vīgintī	zwanzig

vincere, *vinco, vīcī, victum*	gewinnen
vīndēmiāre	Wein lesen
Vindobonēnsis, *is, e*	wienerisch
vīnum, *ī n.*	Wein
violāre	übertreten (110)
vir, *virī m.*	Mann
virga, *æ f.*	Rute
virgō, *inis f.*	Jungfrau
viridis, *is, e*	grün
vīsificus, *a, um*	sehend machend
vīsus, *ūs m.*	Gesichtssinn
vīta, *æ f.*	Leben
vitulīna æ f.	Kalbfleisch
vīvārium, *ī n.*	Aquarium
vīvere, *vīvō, vīxī, –*	leben
vocāre	rufen
Cárolus vocor	ich heiße Karl (76)
vólucris, *is f.*	Vogel
volūmen, *inis n.*	Buchrolle
vulnerātiō, *ōnis f.*	Verletzung
vulpēs, *is f.*	Fuchs

Z

zērum	null
zēta	z *(letzter Buchstabe des Alphabets)*